Lebendige Sprache Neu

Sprachbuch
für das 6. Schuljahr

von Dieter Elsenrath-Junghans, Margaret Klare,
Hubert Reiss, Harald Ulbrich

Herausgegeben von Hubert Reiss

Verlag Moritz Diesterweg
Frankfurt am Main · Berlin · München

Genehmigt für den Gebrauch in Schulen
Genehmigungsdaten teilt der Verlag auf Anfrage mit.

ISBN 3-425-01236-3

© 1983 Verlag Moritz Diesterweg GmbH & Co., Frankfurt am Main.
Alle Rechte vorbehalten. Die Vervielfältigung auch einzelner Teile, Texte oder Bilder
– mit Ausnahme der in §§ 53, 54 URG ausdrücklich genannten Sonderfälle –
gestattet das Urheberrecht nur, wenn sie mit dem Verlag vorher vereinbart wurde.

Illustrationen: Bert Elter, Darmstadt
Umschlagentwurf: Hetty Krist, Frankfurt
Satz und Druck: Oscar Brandstetter Druckerei GmbH & Co. KG, Wiesbaden
Bindung: WIVB, Wiesbaden

Inhaltsverzeichnis

Sprechen und Schreiben 5

Gespräche führen

1	Sprechweisen	5
2	Gespräche beginnen und fortsetzen	6
3	Sich im Gespräch richtig verhalten	9

Gefühle äußern – Auf die Gefühle anderer eingehen

4	Enttäuscht sein	12
5	Sich schämen	14
6	Verletzt sein	16
7	Zuneigung zeigen und darauf reagieren	18

Erzählen

8	Einfälle haben	19
9	Das Wichtige ausführlich erzählen Eine Geschichte einleiten und abschließen	22
10	Folgerichtig erzählen – Keine Lücken lassen	26
11	Lebendig erzählen	30

Auf andere einwirken

12	Überreden – Überzeugen	32
13	Bitten – Fordern	35
14	Etwas erreichen wollen – Sich einigen	38

Etwas sachlich darstellen

15	Informationen entnehmen, auswerten, weitergeben	41
16	Eine Befragung planen und durchführen	45
17	Spielanleitungen erfinden und schreiben	48
18	Versuchsbeschreibungen und Bastelanleitungen verstehen und abfassen . .	50
19	Von Vorfällen berichten	52

Mit Texten umgehen 56

20	Texte, die erzählen	56
21	Texte, die informieren	58
22	Texte, die beeinflussen	63
23	Texte zum Spielen	68

Sprache untersuchen 71

24	Satzverbindungen und Satzgefüge	71
25	Abhängige Sätze und Konjunktionen	73
26	Satzglieder	76
27	Attribute (=Beifügungen)	80
28	Das Adjektiv als Satzglied	82
29	Zeitstufen – Zeitformen	84
30	Infinitiv (Nennform) – Imperativ (Aufforderungsform)	88
31	Übertragene Ausdrücke und Redewendungen	91

Richtig schreiben 93

32	Groß- und Kleinschreibung	93
33	Ähnlichklingende Vokale	97
34	Langgesprochene Vokale	99
35	Doppelkonsonanten	102
36	Konsonanten im Auslaut	104
37	F-Laute	106
38	Ks-Laute	108
39	S-Laute	109
40	das – daß	112
41	Silbentrennung	113
42	Zeichensetzung	116

Fachwörterverzeichnis 120

Quellenverzeichnis 124

Sprechen und schreiben

Sprechweisen

Lektion 1

1

2

3

Auf allen drei Bildern spricht jemand.
- Beschreibt die einzelnen Situationen.
- Nennt Gelegenheiten, bei denen ihr jeweils in ähnlicher Weise sprecht.

Lektion 2 | Gespräche beginnen und fortsetzen

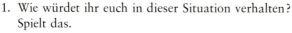

1. Wie würdet ihr euch in dieser Situation verhalten?
   Spielt das.

2. Mit welchem der folgenden Gesprächsanfänge hat das Mädchen wohl mehr Erfolg?

   „Eh, komm mal her. Du mußt mir was erklären. Ich kann die Matheaufgaben nicht."

   „Mutti, kannst du mal bitte gucken. Ich kann die Matheaufgaben nicht."

3. Ihr habt eine Erklärung im Unterricht nicht verstanden und braucht Hilfe.
   Was sagt ihr zu eurem Lehrer und was zu einem Mitschüler?
   – Notiert dazu Vorschläge, und vergleicht sie.
   – Welche haltet ihr für geeignet?

Lektion 2

II

Axel hat im Deutschaufsatz eine Vier geschrieben. Sein Freund Sebastian eine Drei. Axel hat Sebastians Arbeit gelesen und findet seine besser. Er hat weniger Fehler gemacht, und außerdem ist seine Arbeit länger.
Aufgeregt geht er zur Klassenlehrerin und beschwert sich: „Also, das finde ich unverschämt. Wieso habe ich eine Vier und Sebastian eine Drei? Ich habe viel weniger Fehler. Sie sind wirklich ungerecht."

1. Was haltet ihr von Axels Vorgehen?
   Könnt ihr es verstehen?

2. Wie könnte das Gespräch weiterlaufen?
   Spielt das.

3. Wie hättet ihr an Axels Stelle das Gespräch begonnen?
   Sprecht über eure Vorschläge.

III

Und so könnte die Lehrerin antworten:

„Also Axel, so können wir nicht miteinander reden. Beruhige dich erst einmal. Dann sprechen wir hinterher darüber." | „Ich verbitte mir diesen Ton, Axel. Setz dich sofort auf deinen Platz."

1. Macht Vorschläge, wie Axel in beiden Fällen das Gespräch wieder aufnehmen könnte.
   Spielt das Gespräch.

2. Was könnte Axel zu seinem Freund Sebastian sagen?
   Und wie würde Sebastian reagieren?
   Spielt das Gespräch.

3. Vergleicht, wie Axel zu der Lehrerin und wie er zu seinem Freund spricht.
   Worin besteht der Unterschied?

IV

Kerstin hat wieder eine Englischarbeit fünf geschrieben. Nun wird ihre einwöchige Fahrt mit dem Turnverein wahrscheinlich ins Wasser fallen. Denn ihre Eltern wollten ihr die Fahrt nur dann erlauben, wenn sie in Englisch ausreichend stünde. Kerstin überlegt, wie sie ihren Eltern am besten das Ergebnis der Arbeit beibringen könnte.

1. Wie würdet ihr vorgehen?
   Spielt das.

2. Welche der folgenden Möglichkeiten haltet ihr für geeignet?
   a) Kerstin legt mittags das Heft stillschweigend auf den Küchentisch und verschwindet bis zum Abend.
   b) Sie will warten, bis ihre Eltern sie nach der Note fragen.
   c) Sie will erst dann von der Arbeit berichten, wenn die Eltern Besuch haben oder in besonders guter Stimmung sind.
   d) Sie sagt sofort beim Nachhausekommen, was passiert ist.
   e) Sie will ihre Englischarbeit zusammen mit der Mathearbeit vorzeigen, in der sie bestimmt eine Zwei bekommt, oder bis zu ihrem Geburtstag in drei Tagen warten.

7

Lektion 2

v Kerstin könnte das Gespräch mit ihren Eltern auf verschiedene Weise beginnen.
a) In Englisch habe ich es nun doch nicht geschafft. Die Arbeit ist fünf. Und ich hab' doch vorher so gelernt.
b) Ach Mama, die Arbeit ist ja so schlecht ausgefallen. Mehr als die halbe Klasse hat 'ne Fünf.
c) Ich hätte bestimmt die Vier bekommen, aber diesmal hat er ja so streng zensiert.
d) Aus der Fahrt mit dem Turnverein wird ja nun wohl nichts. Ich habe nämlich die Englischarbeit verhauen.

1. Was ist Kerstin bei den einzelnen Äußerungen wohl durch den Kopf gegangen?
2. Wie würden die Eltern jeweils darauf reagieren?
3. Wie hättet ihr das Gespräch angefangen?
   Spielt es.

Übung a Sonja hat sich mit Ulla verabredet. Sie wollen am Nachmittag ein Geburtstagsgeschenk für Sonjas Mutter einkaufen. Kurz bevor Sonja losgehen will, ruft Ulla an: „Hallo, Sonja, ich bin's, Ulla. Ich kann leider doch nicht. Meine Mutter mußte plötzlich weg, und jetzt muß ich auf meinen kleinen Bruder aufpassen."

1. Wie würdet ihr an Sonjas Stelle reagieren?
   Erklärt euer Verhalten.
2. Sonja könnte ärgerlich, enttäuscht oder eingeschnappt sein, sich gleichgültig verhalten oder für Ulla Verständnis haben.
   – Wie könnte Ulla reagieren?
   – Spielt das ganze Gespräch.
3. Wie ist euer Gespräch ausgegangen?
   Wie läßt sich das erklären?

b Mutter hatte Anne seit drei Wochen immer wieder gesagt, sie sollte sich endlich die Haare schneiden lassen. Anne hatte es aber geschickt verstanden, den Gang zum Friseur hinauszuschieben. Heute ist die Mutter aber eisern, und Anne muß gehen. Ausgerechnet heute ist der erste Anmeldungstag für den Töpferkurs bei der Volkshochschule, der immer sehr überlaufen ist. Anne und ihre Freundin Sandra hatten deshalb vereinbart, sich gleich heute dafür anzumelden. Das ist aber nicht möglich, wenn sie zum Friseur gehen muß.

1. Macht Vorschläge, wie Anne das Gespräch mit der Mutter beginnen könnte.
2. Annes Mutter will aber nicht mit sich reden lassen.
   Spielt, wie Anne das Gespräch weiterführen könnte.
3. Wie sind eure Spielszenen jeweils ausgegangen?
   Woran lag es, ob Anne einen Erfolg hatte oder auch nicht?

Sich im Gespräch richtig verhalten

Lektion 3

I

Einige Schüler der 6 c unterhalten sich in der Pause.

Klaus: Habt ihr den Aufsatz schon verbessert?
Ulrike: Das kann ich überhaupt nicht.
Brigitte: Aber wieso denn, Ulrike? Dein Aufsatz war doch ganz gut.
Ulrike: Ja, aber bei den Ausdrucksfehlern – was soll ich denn da verbessern?
5 Stefan: Das stimmt aber auch. Wir müßten uns da mal was überlegen und dann mit Frau Holz sprechen.
Andreas: Ich finde das Verbessern der Aufsätze überhaupt Blödsinn, außer wenn es Rechtschreibfehler sind.
Friederike: Ach, du mit deiner Fünf in Deutsch solltest überhaupt bei jedem Aufsatz
10 fehlen.
Christiane: Du dumme Ziege, spiel dich doch nicht so auf, bloß weil du in Deutsch ein bißchen besser stehst.
Friederike: Werd' doch nicht gleich so frech. Guck dir mal lieber deine Fünfen in Mathe an.
15 Felix: Nun zankt euch doch nicht. Wir wollten doch über die Verbesserung ...
Detlev: In Mathearbeiten halte ich Verbesserungen aber für richtig. Dabei lernt man eine Menge. Die Mathearbeit, die wir nochmal schreiben mußten, weil sie so schlecht ausgefallen war, habe ich nur deswegen so gut, ...
Elke: Ist ja schon gut. Kennen wir ja schon.
20 Bob: Hört mal, Kinder, wie ist es eigentlich mit dem Fußballtraining heute nachmittag?
Gerd: Mann, worüber wollen wir denn jetzt eigentlich reden?

1. Was haltet ihr von dem Verlauf dieses Gesprächs?
2. Begründet eure Meinung über die verschiedenen Gesprächsbeiträge.
   – Überlegt, wie man ein Klassengespräch erfolgreicher führen könnte.
   – Schreibt eure Vorschläge auf.
3. Führt das Gespräch über die Aufsatzverbesserung weiter.

II

Die Klasse 6 c will für einen Schullandheimaufenthalt in der Eifel zusätzlich etwas Geld beschaffen. Schüler und Schülerinnen beraten, was sie nun tun könnten.

Arno: Was haltet ihr denn von einer Autoschau, so mit Postern und Matchbox-Autos? Da könnten wir ja ...
Birgit: Du hast vielleicht blöde Einfälle.
Alex: Mensch, Birgit, laß ihn doch mal ausreden. Ich finde den Einfall eigentlich
5 ganz gut. Ich könnte zum Beispiel Poster von Oldtimern bekommen.
Robert: Das ist 'ne gute Idee. Ich habe ein paar selbstgebastelte Flugzeugmodelle. Die könnten wir auch nehmen.
Christa: Robert, du hast wohl mal wieder gepennt. Wir wollen doch eine Autoschau machen.
10 Inge: Laß Robert doch mal. Sein Vorschlag paßt zwar nicht ganz, aber vielleicht können wir ihn noch gebrauchen.

Lektion 3

Robert: Na eben. Aber wie stellt ihr euch denn eigentlich das Ganze vor?
Arno: Wir machen eine tolle Ausstellung. An die eine Wand hängen wir die Poster von den alten Autos nach Jahren und Typen geordnet, und dann machen wir eine Parade von Oldtimern. Wir müssen die bloß gut sichern, damit uns die keiner klaut. Die sind nämlich ganz schön teuer. Und dann noch 'ne richtige Autorennbahn. Da kann man Wettrennen machen, fünfzig Pfennig eine Fahrt. Und dann habe ich auch noch die Matchbox ...
Antje: Mensch, halt die Luft an! Die anderen wollen ja auch mal was sagen. Was meinst du denn, Achmed? Du bist doch Autofachmann.
Achmed: Soll ich vielleicht meine Looping-Bahn mitbringen, wenn wir was damit anfangen können?
Peter: Tu doch nicht so! Du willst ja bloß damit angeben.
Rebekka: Jetzt ist es aber genug! Du mit deiner ewigen Stänkerei! Ausgerechnet bei Achmed. Gemein finde ich das!
Dominique: Das ist aber auch wahr. Wenn Peter keinen anmeckern kann, ist ihm nicht wohl.
Tanja: Ich denke, wir wollten von der Autoschau reden und nicht über Peter.
Melanie: Ja und nein, Tanja. Aber wenn man dem Peter nicht manchmal eins aufs Dach gibt, läßt der einem keine Ruhe.

1. Sprecht über den Verlauf dieses Gesprächs.
2. Wie steht es um das Einhalten der folgenden Hinweise?
    a) Andere nicht unterbrechen
    b) Beim Thema bleiben
    c) Nicht beleidigend werden
    d) Dauerredner bremsen
3. Wo gehen die Schüler auf die Äußerungen eines anderen ein? Wie geschieht das?
4. Untersucht, an welchen Stellen jemand Zustimmung oder Ablehnung äußert. Wo ist ein Gesprächsteilnehmer mit dem Gesagten nur teilweise einverstanden?
5. Macht Vorschläge, wie man jeweils Zustimmung, Ablehnung und teilweises Einverständnis auf andere Weise ausdrücken kann.

Übung a

Gerd: Habt ihr schon gehört? Frau Lohner hat uns abgegeben.
Annette: Das war bestimmt, weil wir sie dauernd so geärgert haben.
Dominique: Gott sei Dank, mit der bin ich sowieso nicht klargekommen.
Oliver: Kein Wunder, wenn man nie was für Englisch tut.
Dominique: Mach doch nicht so 'nen Wind. Du stehst ja selbst auch fünf.
Bärbel: Was soll die Zankerei. Ich finde es jedenfalls schade, daß wir Frau Lohner nicht mehr haben.
Jochen: Ich mag sie auch gern. Eigentlich ist sie doch ganz klasse.
Achim: Das finde ich auch. Wir sollten mal zum Rektor gehen. Vielleicht können wir sie behalten.
Ulf: Dafür bin ich auch. Gerd, du bist doch der Klassensprecher.

Lektion 3

Gerd:	Ja, und was soll ich dem sagen? Frau Lohner ist doch bloß froh, daß sie uns losgeworden ist. Kein Wunder nach der Sache von gestern. Ich meine ...
André:	Das war doch bloß ein Jux.
Renate:	Laß Gerd doch mal ausreden, André. Was war denn gestern?
5 Gerd:	Ach, wir haben bloß ein paar Wecker in der Stunde rappeln lassen. Jedenfalls sind wir ihr zu frech.
André:	Die soll sich doch nicht so haben mit ihren drei Pfund Make-up im Gesicht.
Annette:	André, red' doch nicht so 'nen Quatsch. Das Make-up hat doch nichts damit zu tun, daß sie eine prima Lehrerin ist.
10 Udo:	Mir ist das alles ganz egal. Mich interessiert sowieso nur Sport.
Petra:	Nun laßt uns doch mal vernünftig überlegen. Ich meine, wir sollten mit Frau Lohner selber sprechen.
Dominique:	Natürlich. Unser Liebling. Du willst doch nur wieder Punkte sammeln.

1. Welche Äußerungen stören den Gesprächsablauf?
   Was ist an ihnen auszusetzen?
2. Welche Äußerungen helfen bei dem Gespräch weiter?
   Erklärt, in welcher Weise sie das tun.
3. Die Klasse möchte Frau Lohner behalten und spricht mit ihr.
   Spielt dieses Gespräch.

Ich glaube, das ist ein guter Einfall.
So 'nen Quatsch habe ich selten gehört.
Das ist ganz richtig.
Ich meine das ja auch, aber wir müssen auch daran denken, daß ...
5 Also damit bin ich überhaupt nicht einverstanden. Wer soll dir denn diesen Blödsinn abkaufen?
Das geht zwar auch, aber man könnte ja vielleicht versuchen ...
Manchmal mag das ja richtig sein.
Das glaubst du doch wohl selber nicht.

1. Verwendet diese Äußerungen in einem Gesprächszusammenhang und stellt fest, ob sie Zustimmung, Ablehnung oder teilweises Einverständnis zum Ausdruck bringen wollen.
2. Sucht für alle drei Möglichkeiten andere Formulierungen.

Einen Deutschaufsatz berichtigen – muß das sein?
Wie könnten wir ausländischen Mitschülern helfen, ihr Deutsch zu verbessern?
Sollen wir eine Klassenkasse einrichten?

1. Sprecht in der Klasse über eines dieser Themen.
   Vier von euch achten darauf, daß ihr eure Gesprächsregeln einhaltet.
2. Welche Regel habt ihr am wenigsten beachtet?

Lektion 4 | Enttäuscht sein

1. Was ist hier vorgefallen?
   – Was empfindet Ulli?
   – Warum äußert er sich nicht?

2. Auf dem Heimweg spricht Ulli mit seinem Freund über dessen Verhalten.
   – Was wird er wohl zu ihm sagen?
   – Wie könnte der Freund reagieren?

3. Spielt verschiedene Möglichkeiten durch.

Ingrid hatte sich mit ihrer Freundin Heidi, mit der sie alles gemeinsam unternimmt, zum Schwimmen verabredet. Kurz nach dem Mittagessen ruft Heidi bei Ingrid an und sagt ab. Sie hätte fürchterliche Kopfschmerzen. Ingrid hat keine Lust, allein schwimmen zu gehen, und fährt deshalb mit dem Rad in die Stadt. Da sieht sie zufällig, wie Heidi mit Petra, die sie gar nicht mag, ins Kino geht.

Lektion 4

1. Aus welchen Gründen ist Ingrid wohl enttäuscht?
2. Am Abend überlegt Ingrid, ob sie Heidi anrufen, mit ihr am nächsten Tag in der Schule sprechen oder die Sache überhaupt nicht erwähnen soll.
   Was würdet ihr Ingrid raten?
3. Dann hat Ingrid einen anderen Einfall, und Heidi findet am nächsten Morgen auf ihrem Platz einen Brief von Ingrid.
   – Was könnte darin gestanden haben?
   – Entwerft den Brief.
4. Was könnte Ingrid sagen, und wie sollte Heidi sich verhalten, um die Sache wieder in Ordnung zu bringen?
   Spielt das Gespräch.
5. Sicher hat euch auch schon einmal jemand enttäuscht.
   – Was war passiert?
   – Wie habt ihr euch verhalten?
   – Würdet ihr heute genauso handeln?

Rainer hat Lutz nach der Schule mit nach Hause genommen. Er ist ganz stolz, daß Lutz mitgekommen ist, denn der hat viele Freunde. Rainer bewundert ihn, weil alle in der Klasse auf ihn hören. Als Lutz gegangen ist, merkt Rainer, daß zwei Mark von seinem Taschengeld verschwunden sind. Das konnte nur Lutz gewesen sein, denn Rainer hatte ihm das Geld vorher noch gezeigt. Rainer fängt an zu heulen.

Übung a

1. Was geht Rainer wohl durch den Kopf?
2. Rainer möchte mit Lutz sprechen.
   – Wie könnte er es anfangen?
   – Was könnte er sagen?
3. Spielt das Gespräch zwischen den beiden.
   Es könnte unterschiedlich verlaufen.

Sicher habt ihr selbst schon einmal jemanden enttäuscht.

b

1. Was war passiert?
2. Was habt ihr getan, um die Sache wieder in Ordnung zu bringen?
   Würdet ihr es heute auch so machen?
3. Hattet ihr Erfolg?
   Oder hättet ihr es anders anfangen sollen?

Lektion 5 | Sich schämen

I

Klasse 6 b plant einen Schullandheimaufenthalt. Alle sind begeistert. Nur Bettina ist ganz still geworden. Sie will nicht mitfahren. Als die Lehrerin nach dem Grund fragt, schüttelt sie nur den Kopf. Sie möchte vor der Klasse nicht sagen, daß die Eltern die hundert Mark dafür nicht haben. Die Klassenlehrerin spürt, daß Bettina etwas auf dem Herzen hat, deshalb fragt sie auch nicht weiter. Nach der Stunde aber geht Bettina zu ihr, um alles zu erklären.

1. Bettina fällt es schwer, das Gespräch zu beginnen.
   Könnt ihr das verstehen?
2. Wie würdet ihr der Lehrerin an Bettinas Stelle ihr Verhalten in der Klasse erklären?
   Spielt das Gespräch.

II

Die anderen Schüler wissen nicht, warum Bettina sich ausschließt. Sie meckern sie an, denn ohne Bettina sind sie zu wenige und erhalten die Ermäßigung für die Busfahrt nicht mehr.
Schließlich faßt sich Bettina ein Herz und erklärt ihrer Freundin, was los ist.

1. Wie könnte Bettina sich gegenüber ihren Klassenkameraden äußern, ohne zu lügen?
2. Die Freundin möchte Bettina helfen. Spielt das Gespräch.

III

Als Bettina am nächsten Tag nicht zur Schule kommt, spricht ihre Freundin mit der Klasse über Bettinas Lage. Alle sind sich einig, daß sie für Bettina das Geld gemeinsam aufbringen wollen. Das schreiben sie ihr in einem kurzen Brief.

1. Überlegt, was in dem Brief stehen könnte.
2. Entwerft den Brief.
   Der Klasse tut ihr Verhalten leid.
   Bettina soll durch die Hilfe nicht beschämt werden.

IV

Jutta will mit ihren Freundinnen mit der Straßenbahn zum Freibad fahren. Als die anderen am Automaten ihre Fahrscheine lösen, meint Jutta etwas hochnäsig: „Fahrscheine? Ihr seid ja schön dumm. Ich fahre schwarz und kaufe mir hinterher lieber ein Eis." Sie sind gerade eine Station gefahren, da steigt ein Kontrolleur ein und verlangt die Fahrscheine. Als er Jutta anspricht, fängt sie an, in allen Taschen zu suchen. Ihre Freundinnen warten gespannt, wie es wohl weitergeht. Inzwischen sind auch die anderen Fahrgäste aufmerksam geworden und sehen zu Jutta herüber. Jutta läuft rot an und weiß nicht, was sie sagen soll. „Na, dann sag mir mal deinen Namen und wo du wohnst", meint der Kontrolleur.
Hinterher ist Jutta recht kleinlaut. Vor allem, weil die anderen sich auch noch über sie lustig machen.

Lektion 5

1. Wie sollte Jutta sich gegenüber den anderen Mädchen verhalten, damit die Ruhe geben?
2. Als Jutta, die eine richtige Wasserratte ist, schließlich nicht mehr mit schwimmen gehen will, merken die anderen, daß sie mit ihrer Neckerei zu weit gegangen sind. Wie können sie das wieder in Ordnung bringen?
Spielt das.

Übung

1. Beschreibt, was in dem Jungen vorgeht.
2. Was könnte Björn auf die dummen Bemerkungen der anderen entgegnen?
3. Björn zieht den Pullover nicht mehr an. Seine Mutter ahnt, warum, und spricht ihn darauf an. Aber Björn möchte den wahren Grund nicht gern sagen.
Spielt das Gespräch.

Lektion 6 | Verletzt sein

1. Sprecht über diesen Vorfall.
   Was geht in Alex wohl vor?
2. Alex wird am nächsten Tag von seinem Freund um einen Gefallen gebeten.
   – Wie reagiert er wohl?
   – Wie erklärt er sein Verhalten?
   – Spielt das.

Harald und seine Freunde haben sich auf dem Kirmesplatz verabredet. Es gibt ein paar schiefe Gesichter, als Harald unerwartet seinen Bruder Jörg mitbringt. Jörg muß nämlich im Rollstuhl gefahren werden, weil er Kinderlähmung gehabt hat. Als alle auf das Riesenrad wollen, bittet Harald die anderen, ihm zu helfen. Jörg soll nämlich auch mitfahren. Die Jungen gucken sich verlegen an. Schließlich sagt Benno: „Ich bin doch kein Krankenwärter." Jörg bittet Harald, ihn nach Hause zu fahren.

Lektion 6

1. Was empfindet Harald wohl? Was geht in Jörg vor?
2. Als die beiden Brüder weg sind, sprechen die anderen mit Benno über seine Bemerkung. Benno wehrt sich.
   Spielt das Gespräch.
3. Benno tut sein Verhalten leid. Er spricht am nächsten Tag mit Harald darüber.
   Wie könnte Harald reagieren?
   Spielt das Gespräch.
4. Spielt andere Gespräche, die es über diesen Vorfall in der Klasse geben könnte.
5. Benno will Harald am nächsten Tag einen Brief an Jörg mitgeben.
   – Was wird Benno wohl schreiben?
   – Entwerft diesen Brief.

Übung a

Inge mag Susi gern. Die beiden sind deshalb oft zusammen. Als Susi ihren Geburtstag feiert, hat sie die halbe Klasse eingeladen – nur Inge nicht. Sie hat sich über Inge nämlich geärgert. Zwei Mitschülerinnen hatten Susi eine eingebildete Ziege genannt, und Inge hatte darüber gelacht.

1. Einige Mädchen wundern sich, daß Inge nicht bei der Geburtstagsfeier ist. Sie sprechen deshalb mit Susi.
   Spielt das Gespräch.
2. Am nächsten Tag läßt sich Inge nichts davon anmerken, daß sie verletzt ist.
   Es kommt zu einem Gespräch zwischen ihr und einigen Mitschülerinnen.
3. Susi möchte sich mit Inge wieder vertragen.
   Spielt das Gespräch.

b

Die Klasse 6 b möchte eine Fahrrad-Rallye machen. Jan, der ein begeisterter Radler ist und sich sehr auf die Rallye freut, hat sich eine gute Strecke überlegt und interessante Aufgaben dafür ausgedacht. Gerd, der Klassensprecher, will die geplante Strecke vorher noch einmal abfahren und die Aufgaben für die Teilnehmer überprüfen. Jan möchte auch mitfahren, aber Gerd, der lieber seinen Freund Klaus mitnehmen will, läßt ihn abblitzen: „Mit deiner alten Klapperkiste kommst du ja gar nicht mit uns mit. Außerdem weißt du sowieso nicht, worauf es ankommt." Jan sagt kein Wort und will weggehen. Da tritt Klaus für Jan ein.

1. Spielt verschiedene Möglichkeiten, wie das Gespräch zwischen Klaus und Gerd sich entwickeln könnte.
2. Jan läßt sich die Art, wie Gerd ihn behandelt, nicht gefallen.
   Wie könnte das Gespräch zwischen beiden verlaufen?
3. Vielleicht hat euch auch schon einmal jemand verletzt.
   – Worum ging es?
   – Hatte der andere absichtlich oder nur unüberlegt gehandelt?
   – Wie habt ihr reagiert, und ist die Sache wieder in Ordnung gekommen?

Lektion 7 — Zuneigung zeigen und darauf reagieren

I In Karins Klasse wird eine neue Mitschülerin vorgestellt. Karin möchte ihr deutlich machen, daß sie sie nett findet.

1. Wie könnte Karin sich verhalten? Was könnte sie dabei sagen?
2. Die Neue ist froh, daß sich jemand um sie kümmert. Spielt das.

II Gerd hat in den Ferien einen Jungen kennengelernt, mit dem er sich angefreundet hat. Er möchte ihn gern als Freund behalten und will ihm deshalb schreiben.

1. Vielleicht habt ihr schon Ähnliches erlebt. Entwerft einen entsprechenden Brief.
2. Wie habt ihr zu verstehen gegeben, daß ihr auch weiter mit dem anderen befreundet sein möchtet? Wird auch deutlich, daß ihr den anderen mögt?

III In der Nachbarschaft ist eine jugoslawische Familie eingezogen. Der Sohn Janko ist etwa zwei Jahre älter als Hannes und geht in dieselbe Schule wie er. Hannes findet ihn sympathisch, und da Janko auf dem Schulhof immer allein herumsteht, will Hannes sich um ihn kümmern. Janko kann aber fast kein Deutsch.

1. Was würdet ihr an Hannes Stelle tun, um mit Janko bekannt zu werden?
2. Wie könnte Hannes Janko deutlich machen, daß er ihn gern mag?

Übung a Annette ist Omas Liebling. Jedesmal, wenn Oma kommt, bringt sie Annette irgendeine Kleinigkeit mit und drückt und küßt sie. Zu Hause geht das ja noch. Wenn aber die Oma sie von der Schule abholt, um mit ihr in die Eisdiele zu gehen, dann ist es Annette vor ihren Klassenkameraden richtig unangenehm, wenn die Oma ihr zur Begrüßung einen dicken Kuß gibt.

1. Könnt ihr das Verhalten der beiden verstehen?
2. Annette möchte, daß die Oma das läßt. Sie will ihr aber auch nicht wehtun. Was könnte sie jetzt machen?
3. Oma merkt, daß Annette die Begrüßung vor der Schule nicht mag, und spricht sie darauf an. Spielt dieses Gespräch.

b Eure Eltern, ein Freund oder eine Tante haben euch eine große Überraschung bereitet. Ihr freut euch riesig darüber.

Wie würdet ihr eure Freude und Dankbarkeit ausdrücken? Spielt das.

Einfälle haben

Lektion 8

1. Gebt an, woher die Schüler ihre Geschichten haben.
2. Wie haben sie sich auf die Erzählstunde vorbereitet?
3. Warum wollen die Schüler wohl gerade diese Geschichten erzählen?

Lektion 8

Das ist ein Ausschnitt aus einer Geschichte zu diesem Bild:
... Peppi legte sich flach auf den Boden und tat so, als würde ihn unser Tennisspiel überhaupt nicht interessieren. Aber als ich den nächsten Ball schlug, blitzte es in seinen Augen, und ...

Und so endete die Geschichte:
Als alles vorbei war, haben wir doch lachen müssen, sogar die Leute, die gerade Picknick machen wollten.

1. Was könnte wohl alles passiert sein?
   – Was ist vorausgegangen?
   – Wie kann es weitergehen?
2. Notiert eure Einfälle in Stichworten, und erzählt danach die Geschichte.

1. Habt ihr einen Einfall für eine Geschichte zu diesem Bild?
   Sie könnte lustig oder traurig sein.
2. Macht euch Notizen.
   – Wie ist es zu der Situation auf dem Bild gekommen, und wie könnte das Ganze ausgehen?
   – An welche Stelle eurer Geschichte paßt dieses Bild?
3. Erzählt die Geschichte nach euren Notizen, oder schreibt sie auf.
4. Sprecht darüber, was euch an den einzelnen Geschichten gefällt und was nicht.
   – Liegt es an dem Einfall oder an der Erzählweise?
   – Macht Vorschläge, was man besser machen könnte.
5. Arbeitet die Geschichte nach euren Vorschlägen aus.

Lektion 8

Übung a

1. Denkt euch zu diesem Bild eine Geschichte aus, und macht Stichworte dazu.
2. Sprecht über die Einfälle.
   – Welche findet ihr gut?
   – Einigt euch auf einen Einfall, und erzählt im Zusammenhang, was passiert ist.

---

b

1. Sucht ein Bild aus eurem Fotoalbum, einer Illustrierten oder Bildbänden heraus. Erzählt dazu nach Stichworten eine Geschichte.
2. Sprecht über eure Geschichten.
   – Was hat euch am Inhalt und an der Erzählweise gefallen?
   – Was fandet ihr nicht so gut?

---

c

Du bist für eine Stunde unsichtbar und kannst durch verschlossene Türen und durch Wände gehen.

1. Schreibt dazu eine Geschichte.
2. Sprecht über die Geschichten.
   – Wie findet ihr die Einfälle?
   – Welche Geschichten sind auch gut erzählt?

Lektion 9 — Das Wichtige ausführlich erzählen
Eine Geschichte einleiten und abschließen

I

Wir hatten erst einen Wellensittich, aber da haben meine Schwester und ich uns dauernd gezankt, weil jeder wollte, daß der Hansi zu ihm kommt. Deshalb haben wir nachher noch einen gekauft. Die beiden haben zusammen immer so einen Lärm gemacht, da hat unsere Mutter gesagt, die müssen weg. Da haben wir die unserem Nachbarn zurückgegeben. Die beiden hatten wir vorher auch da gekauft. Das Geld hatten wir von der Oma. Ich war richtig traurig, denn ich hatte mich so daran gewöhnt. Aber mit dem Krach, das war schlimm. Wenn ich mit dem Hansi spielen wollte, wurde der andere eifersüchtig. Und einmal, da haben wir den Spiegelschrank aufgemacht. Da hat der sich auf die offene Schublade gesetzt und hat sich im Spiegel gesehen und ist richtig erschrocken. Mit unserem Hund ist es umgekehrt. Wenn der sich im Flur im Spiegel sieht, da bellt er den Spiegel an. Ja, das mit dem Spiegel, das war vielleicht komisch. Vor lauter Schreck ist der Hansi meiner Schwester auf den Kopf geflogen und hat dahin gemacht.

1. Was sagt ihr dazu, wie Heike die Geschichte erzählt hat? Was würdet ihr anders erzählen?

2. Heike soll die Geschichte aufschreiben.
   – Was haltet ihr für wichtig?
   – Was könntet ihr weglassen?

3. Schreibt die Geschichte auf.
   – Wovon müßt ihr ausführlich erzählen?
   – Womit wollt ihr anfangen?
   – Womit wollt ihr die Geschichte enden lassen?

II

Eine unerwartete Begegnung
Noch einmal mit dem Schrecken davongekommen sind gestern ein Vater und sein elfjähriger Sohn. Die beiden fütterten im Grüneburgpark Enten, als sie über ihren Köpfen in einer Astgabel eine 2,5 m lange Anakonda entdeckten. Die von ihnen benachrichtigte Polizei traf kurz darauf mit Zoowärtern ein, die das Tier einfingen und in den Zoo brachten.

Lektion 9

1. Wie würde der elfjährige Junge sein Erlebnis erzählen?
   – Welches ist für ihn der aufregendste Augenblick?
   – Wovon müßte er vorher erzählen (Einleitung)?
   – Womit soll die Geschichte enden (Schlußteil)?
2. Macht euch Notizen, so daß ihr die Geschichte im Zusammenhang erzählen könnt. Erzählt die Geschichte vor der Klasse.

III

So hat der Junge seine Geschichte für die Schülerzeitung aufgeschrieben:

Gestern war ich mit meinem Vater im Park Enten füttern. Wir standen unter den hohen Bäumen am Teichrand und warfen den Enten Brotstückchen zu.
Da hörte ich etwas über mir rascheln. Ich guckte hoch und bekam einen furchtbaren Schreck. „Vater, eine Schlange direkt über uns im Baum!" schrie ich. Mit einem Satz riß
5 mein Vater mich zur Seite und sprang weg. Die Schlange lag zusammengerollt auf einer dicken Astgabel. „Das ist eine Riesenschlange", sagte mein Vater. „Wir müssen sofort die Polizei verständigen." Zum Glück waren wir ganz nah am Eingang, wo das Telefonhäuschen steht. Mein Vater rief die Polizei an, und kurz darauf kam auch schon ein Polizeiwagen mit einem Tierwärter. Gespannt beobachteten wir, wie der Tierwärter die
10 Anakonda vom Baum herunterholte. Das war gar nicht so einfach. Aber schließlich gelang es ihm.
Als er sie dann in den Transportkäfig gepackt hatte, klatschten alle Beifall. Wir waren froh, daß alles so gut abgelaufen war, und gingen dann nach Hause.

1. Wovon erzählt der Junge vor allem?
   Welcher Augenblick war für ihn am wichtigsten?
   Wie wird das deutlich?
2. An welcher Stelle beginnt er mit dem eigentlichen Erlebnis?
   An welcher Stelle hört er damit auf?
3. Lest nur den Hauptteil vor.
   – Überlegt, warum die Einleitung wichtig ist.
   – Welche Aufgabe hat der Schlußteil?

Übung a

Die frechen Seelöwen
In den Osterferien fuhr ich mit meinem Bruder und meiner Mutter zum Tierpark. Es war zwei Uhr, als wir losfuhren. Aber wir kamen erst nach einer halben Stunde an, weil viel Verkehr war. Meine Mutter kaufte an der Kasse einen Prospekt und drei Eintrittskarten. Ich nahm dann den Prospekt und guckte nach den Fütterungszeiten, weil ich dabei zusehen wollte. Die Seelöwenfütterung war um drei Uhr, und es war schon Viertel vor drei. Mein Bruder

Lektion 9

... und ich zogen meine Mutter zu den Seelöwen, die am anderen Ende des Tierparks waren. Schon von weitem hörte man ihr Schnaufen und Jaulen. Obwohl es inzwischen drei Uhr durch war, war noch kein Tierwärter zu sehen. Deshalb gingen viele Leute zu den Pinguinen. Wir wollten auch gerade gehen, als der Tierwärter kam. Er stellte sich auf den Felsblock direkt am Wasser. Dann holte er immer einen Fisch nach dem anderen aus dem Eimer und warf ihn in das Becken. Da kletterte ein dicker Seelöwe auf denselben Stein und sprang dann ins Wasser, weil er einen Fisch in der Luft fangen wollte. Dabei fiel der Tierwärter auch ins Wasser mit dem vollen Fischeimer. Nach zehn Minuten gingen wir weiter. Das war das schönste Zooerlebnis in meinem Leben.

Stefan Bock

1. Wie findet ihr die Geschichte?
   Wovon will Stefan eigentlich erzählen?
2. Was würdet ihr anders schreiben, damit man sich Stefans Erlebnis besser vorstellen kann?
   – Was müßtet ihr ausführlicher erzählen?
   – Was könntet ihr weglassen?
3. Macht euch für die Bearbeitung Notizen.
   – Was wollt ihr im Hauptteil erzählen?
   – Wie könnt ihr für andere deutlich machen, welches der wichtigste Augenblick ist?
   – Wie wollt ihr eure Geschichte einleiten, und was wollt ihr zum Schluß erzählen?
4. Schreibt die Geschichte nach euren Notizen neu.

---

b Ein unredlicher Handel

Wilhelm Busch

1
Hans Dralle hat ein Schwein gar nett,
Nur ist's nicht fett.

2
Es schnuppert keck in allen Ecken
Und schabt sich an den Bienenstöcken.

3
Die Bienen kommen schnell herfür
Und sausen auf das Borstentier.

Lektion 9

U,ik! U,ik! – So hat's geschrien. –
Hans Dralle denkt: Wat hat dat Swien?!

Wie staunt Hans Dralle, als er's da
Schön abgerundet stehen sah! –

Der Schweinekäufer geht vorüber:
Was wollt Ihr für das Schwein, mein Lieber?

„So'n twintig Daler, heb ick dacht!"
Hier sind sie, fertig, abgemacht!

Hans Dralle denkt sich still und froh:
Wat schert et meck! Hei woll dat jo!

1. Sprecht über die Geschichte.
   – Notiert nach den Bildern, was nacheinander geschieht.
   – Welches Bild zeigt die entscheidende Stelle?
2. Was wollt ihr in die Einleitung, was in den Hauptteil und was in den Schluß nehmen?
3. Überlegt, wie ihr das Wichtigste für andere anschaulich und spannend machen könnt.
   Schreibt jetzt die Geschichte.

> Delphine retteten im Indischen Ozean eine 23jährige Frau vor Haifischen. Sie war mit ihrem Segelboot gekentert und ins Meer gestürzt. Schon nach kurzer Zeit tauchte ein Hai in ihrer Nähe auf und umkreiste sie. Plötzlich schwammen zwei Delphine heran und hielten den Hai fern, bis sie von einem Tanker aufgefischt wurde.

Macht aus dieser Zeitungsnotiz eine spannende Geschichte.

Lektion 10 | **Folgerichtig erzählen – keine Lücken lassen**

I

1. Erzählt im Zusammenhang, was hier passiert.
2. Notiert, wie sich der Vorfall im einzelnen abspielt.
   - Was geschieht auf den einzelnen Bildern?
   - Erklärt, wie das zusammenhängt?
   - Was denken die Personen jeweils?
3. Schreibt die Geschichte nach euren Notizen auf.
4. Untersucht einige Geschichten.
   - Wurden die Ereignisse in der richtigen Reihenfolge erzählt?
   - Ist der Zusammenhang deutlich?

II

Über das Erlebnis seines Freundes Giorgio hat Ralf diesen Aufsatz geschrieben:

Giorgio Antonetti ist mein Freund. Er ist vor drei Jahren aus Italien gekommen und wohnt jetzt im selben Haus wie ich. Vorgestern ist ihm etwas Aufregendes passiert.

Giorgio spielte gerade auf der Straße. Als er sich umguckte, da sah er, wie einen Häuserblock weiter zwei Männer einer älteren Frau die Handtasche wegrissen und mit einem blauen Volkswagen davonbrausten. Die Frau wehrte sich und schrie.

Lektion 10

Zufällig bog gerade ein Taxi um die Ecke. Giorgio fuhr mit dem Taxifahrer eine ganze Zeit lang hinter dem Volkswagen her und rief dann: „Ja, blauer Volkswagen, Diebe, haben Frau Handtasche weggenommen!"
5 Die Polizeistreife hatte inzwischen über Funk die Meldung bekommen und hielt die Diebe an. Aber die beiden stritten alles ab und wurden dann festgenommen.

Das ist sicher ein spannendes Erlebnis, aber an einigen Stellen wird der Zusammenhang nicht deutlich.
G. K.

1. Welche Stellen meint der Lehrer in seiner Beurteilung? Ist euch etwas unklar geblieben?
2. Überlegt euch Verbesserungsvorschläge für Ralf.
   – Wo muß er die Reihenfolge der Ereignisse verändern?
   – Was muß er noch einfügen, damit keine Lücken bleiben?
3. Überlegt, wie ihr die Geschichte erzählen würdet.
   – Notiert, wie der Vorfall sich im einzelnen abgespielt hat.
   – Welches könnte der wichtigste Augenblick sein?
4. Schreibt die Geschichte neu, und beachtet dabei folgende Fragen:
   – Wie kam es dazu, daß der Taxifahrer die Diebe verfolgte?
   – Durch wen hat die Polizei von dem Überfall erfahren?
   – Womit konnte die Polizei die Diebe wohl sofort überführen?

Dies könnte ein modernes Münchhausenabenteuer sein:
Ich hatte schon immer so scharfe Augen, daß ich, wenn ich wollte, mit einem Blick eine Scheibe Brot abschneiden konnte. Deshalb mußte ich auch immer eine Super-Diamantglasbrille tragen. Kürzlich ist mir nun folgendes passiert.

Lektion 10

1. Macht euch klar, was hier geschieht und wie der Vorfall ausgehen könnte.
2. Haltet in Stichworten fest, was im einzelnen nacheinander passiert, und erzählt danach eure Geschichte.
3. Schreibt eure Geschichte auf.
4. Sprecht über einige Arbeiten.
   - Wird der Gang der Handlung in der richtigen Reihenfolge erzählt?
   - Welches ist der spannendste Augenblick, und woran wird er erkennbar?
   - Habt ihr nichts Wichtiges vergessen?

IV

Münchhausen kann sich oder anderen mit seinem Superblick nutzen oder schaden.

1. Erfindet dazu ein neues Abenteuer.
   Achtet darauf, daß die einzelnen Schritte der Handlung richtig aufeinander folgen und keine Lücken bleiben.
2. Denkt euch andere phantastische Fähigkeiten für Münchhausen aus. Schreibt darüber Abenteuergeschichten für ein Buch „Münchhausen 2000".

   Ich hatte manchmal einen so kalten Atem, daß dadurch alles zu Eis erstarrte ...

Übung a

1. Erzählt diese Bildgeschichte.
   - Erklärt, wie die einzelnen Bildszenen zusammenhängen.
   - Ergänzt, was auf Bild 4 zu sehen sein muß.
2. Schreibt die Geschichte auf.
   - Habt ihr den Gang der Handlung lückenlos und in der richtigen Reihenfolge erzählt?
   - Welches ist der wichtigste Augenblick in eurer Geschichte?

Lektion 10

Kennt ihr das Erzählspiel mit dem Ball?
Einer hat den Ball und fängt an, seine Geschichte zu erzählen. Nach ein paar Sätzen wirft er einem anderen den Ball zu. Der muß der Geschichte drei bis fünf Sätze hinzufügen. Dann kann er den Ball dem nächsten zuwerfen. Wenn jeder einmal drangewesen ist, müßt ihr gemeinsam den Schluß für die Geschichte überlegen und erzählen. Wer den besten Vorschlag macht, kann die nächste Geschichte beginnen.

Achtet auf folgende Punkte:
- Jeder Beitrag muß sich folgerichtig an den vorhergehenden anschließen.
- Der Gang der Handlung darf keine Lücken und Widersprüche enthalten.
- Der Schluß muß zu dem bisher Erzählten passen und die Handlung zu Ende führen.

1. Welche besonderen Fähigkeiten und Eigenschaften der beiden Superhelden kennt ihr?
   - Welche davon findet ihr auch bei normalen Menschen?
   - Welche Eigenschaften besitzen die beiden nicht?
2. Schreibt eine Geschichte, in der Superman oder Tarzan ein Abenteuer mit Donald Duck, der Supermaus oder dem Prinzen Eisenherz erleben.
   - Worum könnte es gehen?
   - Wie könnte die Handlung im einzelnen verlaufen, und wie soll sie ausgehen?
3. Untersucht einige Geschichten.
   - Worin besteht der besondere Einfall?
   - Folgen die einzelnen Handlungen sinnvoll aufeinander?
   - Wurde in der richtigen Reihenfolge erzählt?
   - Habt ihr Lücken entdeckt?

Lektion 11 Lebendig erzählen

I

Einmal war ich mit Karin auf dem Ponyhof. Sie hatte schon die ganze Zeit angegeben, wie gut sie reiten könnte. Aber diesmal war sie hereingefallen. Ihr Pony war nämlich bockig und blieb dauernd stehen. Ich hatte zum Glück ein ganz braves Pony bekommen. Schließlich passierte es dann. Karins Pony rührte sich auf einmal nicht mehr vom Fleck und wollte nur noch fressen. Karin schimpfte und zog wütend am Zügel, und ich hatte meinen Spaß. „Soll ich euch vielleicht ein bißchen schieben?" fragte ich scheinheilig. Da explodierte Karin. „Sei bloß ruhig. Ich habe nur so ein blödes Vieh erwischt. Und besser reiten als du kann ich immer noch." Sie stieg ab und zerrte wie verrückt das Pony weiter. Das jagte plötzlich davon und riß Karin den Zügel aus der Hand. Ich konnte mich vor Lachen nicht mehr halten. Aber da schoß mein Pony plötzlich auch los, und schon lag ich im Matsch. Ich sah vielleicht aus! Jetzt kam Karin angelaufen, weil sie glaubte, mir wäre was passiert. Als sie sah, daß alles in Ordnung war, meinte sie bloß grinsend: „Vom Pferd gefallen bin ich aber noch nicht." Vor Wut hätte ich jetzt am liebsten geheult. Dann brachten wir die Ponys wieder in den Stall und gingen nach Hause.

1. Wie gefällt euch Annes Geschichte?
   Was findet ihr gut daran?
2. Anne will auch deutlich machen, was sie selbst bei dem Vorfall empfindet.
   – An welchen Stellen erkennt ihr das?
   – Wie zeigt sich das in ihrer Ausdrucksweise?
3. Was ist bei diesem Erlebnis in Karin vorgegangen?
   – Was würde sie wohl besonders hervorheben?
   – Schreibt das Erlebnis so auf, daß deutlich wird, wie Karin zumute war.
4. Vielleicht habt ihr selbst schon einmal Ähnliches erlebt.
   Erzählt den Vorfall so, daß der andere ihn miterleben kann.

II

In den letzten Sommerferien wollte ich mit meiner Freundin Jutta bei uns im Garten im Zelt übernachten. Aus Spaß versuchte mein Bruder Tim, uns Angst vor Gespenstern zu machen. Ich war sowieso schon ziemlich ängstlich und hatte schon gar keine Lust mehr. Aber Jutta ließ sich nicht bange machen, weil wir ja eine Taschenlampe hatten. Außerdem schlug sie vor, einen dünnen Draht mit einer kleinen Glocke daran um das Zelt zu spannen, damit wir wach würden, wenn jemand käme.

In den letzten Sommerferien wollte ich mit meiner Freundin bei uns im Garten im Zelt übernachten. „Na, Sandra, hoffentlich besuchen euch heute nacht keine Gespenster", sagte mein Bruder lachend. „Pah, davor haben wir keine Angst", meinte Jutta. „Wir haben ja eine Taschenlampe. Und vor Licht laufen die Geister ja weg." Ich war aber trotzdem recht bange geworden. Aber dann hatte Jutta noch eine Idee. „Wir spannen einen dünnen Draht um unser Zelt und hängen eine kleine Glocke dran. Dann hören wir ja, wenn die Geister kommen. Dann bereiten wir denen gleich den richtigen Empfang."

Lektion 11

1. Welcher Text gefällt euch besser?
   Erklärt das an den entsprechenden Stellen.
2. Notiert in Stichworten, wie es im einzelnen weitergehen könnte.
   Sandras Bruder Tim soll dabei eine Rolle spielen.
3. Erzählt nach euren Notizen die Geschichte in der Klasse.
   – Überlegt gemeinsam, welche Stellen ihr für wichtig haltet.
   – Wie könnt ihr sie lebendiger erzählen?
4. Schreibt die Geschichte auf, wie Sandra, Jutta oder Tim sie erzählen würden.
   – Was wäre für die einzelnen jeweils wichtig?
   – Macht auch deutlich, was die einzelnen denken und fühlen.
   – An welchen Stellen wollt ihr die wörtliche Rede verwenden?

Übung

Vier zwölfjährige Jungen aus Ahrdorf bei Bergneustadt retteten einem Spielkameraden das Leben. Die fünf Jungen waren in der Schwarzach schwimmen gegangen, die wegen der anhaltenden Regenfälle stark angestiegen war, als Dominik K. plötzlich von der reißenden Strömung erfaßt und abgetrieben wurde. Während drei der Jungen erschreckt ans Ufer flüchteten, versuchte Ingo F., der beste Schwimmer von den Fünfen, seinem Freund zu Hilfe zu kommen. Die Strömung war jedoch zu stark, so daß er sich selbst nur mit Mühe wieder ans Ufer arbeiten konnte. Inzwischen waren die anderen drei etwa 150 Meter flußabwärts gerannt, wo eine niedrige Holzbrücke über den Fluß führte. Von dort aus gelang es den Jungen, den herantreibenden Kameraden an den Kleidern zu packen und aus dem Wasser zu ziehen.

1. Entscheidet, welchen von den Jungen ihr erzählen lassen wollt.
2. Notiert euch den Gang der Handlung im einzelnen.
   – Macht euch klar, was für den Erzählenden wichtig ist und was er denkt und fühlt.
   – An welchen Stellen könnt ihr die Geschichte durch wörtliche Rede lebendiger gestalten?
3. Arbeitet die Geschichte nach euren Notizen schriftlich aus.
4. Wählt drei verschiedene Arbeiten aus.
   – Was wird jeweils als wichtig hervorgehoben?
   – Wurde so erzählt, daß man das Ereignis miterleben kann?
   – Welche Aufgabe hat dabei die wörtliche Rede?
5. Erzählt ein Erlebnis oder einen Streich, den ihr jemandem gespielt habt, aus der Sicht des anderen.
   Versucht dazu euch klarzumachen, was für ihn wichtig ist und was er denkt und fühlt.

Lektion 12 | Überreden – Überzeugen

I

1. Sprecht über die Situation.
2. Was könnte der Verkäufer sagen? Spielt das.

II

Kommen Sie ruhig näher. Nur nicht so schüchtern. Das ist einmalig hier. Ein Satz Kugelschreiber in verschiedenen Farben. Ein völlig neues Patent. Diese Mine hier trocknet nicht aus, sie läuft nicht aus, und sie geht auch nicht aus. Nicht drei Wochen, nicht drei Monate, drei Jahre können Sie damit schreiben. Und dann die Schrift! Kein Kratzen, kein Klecksen, gleichmäßiger Fluß vom ersten bis zum letzten Buchstaben. Ein Geschenk für die ganze Familie. Für Vaters Rechnungen, Mutters Kreuzworträtsel und für die Schularbeiten von Klein-Bubi. Na Kleiner, kannst du schon schreiben? Noch nicht? Macht nix, mußt ihn nur gut festhalten. Der schreibt für dich allein. Und dann der Preis, meine Herrschaften! ... 5

1. Was bezweckt der Verkäufer mit seiner Art zu sprechen?
   Können euch seine Angaben veranlassen, den Kugelschreiber zu kaufen?
2. Stellt euch vor, ihr wäret der Verkäufer.
   Spielt diese Szene weiter.
3. Vergleicht den Text des Straßenverkäufers mit folgender Anzeige.
   – Auf welche Weise wird hier versucht, den Leser zum Kauf zu bewegen?
   – Wie unterscheidet sich dieser Text in Inhalt und Sprache von dem, was der Straßenverkäufer sagt?

Lektion 12

1. Sprecht über die Situation.
   Auf welche Weise könnte die Gruppe versuchen, den „Spielverderber" umzustimmen?
2. Haltet eure Vorschläge schriftlich fest.
   – Wo wollt ihr durch Gründe überzeugen?
   – Mit welchen Äußerungen wollt ihr nur überreden?
3. Spielt die Situation.
4. Stellt ähnliche Situationen, die ihr selbst erlebt habt, im Rollenspiel dar.
   Gebt an, wer die Partner sind und was erreicht werden soll.
5. Sprecht darüber, wie die Spieler vorgegangen sind, um den anderen umzustimmen.

Lektion 12

Übung a

Tanja möchte von Veronika den Fotoapparat leihen. Veronika will ihn nicht hergeben. Sie verleiht ihre Sachen nicht gern.

1. Überlegt, mit welchen Gründen Tanja ihre Freundin überzeugen könnte. Wie könnte Veronika darauf reagieren?
2. Entwerft das Gespräch und schreibt es auf.
3. An welchen Stellen gehen die beiden im Gespräch besonders geschickt vor?

b

Der Junge versucht seinen Vater mit allen möglichen Gründen zu überzeugen, aber der ist noch unschlüssig. Schließlich schaltet sich die Mutter ein und überredet den Vater.

1. Haltet in Stichworten fest, was der Junge vorbringen könnte.
2. Notiert auch, wie die Mutter versuchen könnte, den Vater umzustimmen.
3. Spielt das Gespräch.
   Verwendet dabei eure Notizen.

Bitten – Fordern

Lektion 13

1

2

3

1. Worum geht es auf den Bildern?
   - Wie wird das Anliegen jeweils geäußert?
   - Wie könnten die Beteiligten es anders ausdrücken?

Lektion 13

2. In welchen Situationen habt ihr einmal jemanden um etwas gebeten oder etwas von jemandem gefordert?
— Welches war der Grund?
— An wen habt ihr euch gewendet?

3. Spielt solche Situationen.
— Wie ist euer Spiel ausgegangen?
— Woran lag das?

II

Die Klasse plant eine Theateraufführung. Christoph will unbedingt die Rolle des berühmten Piraten spielen, die auch Dietrich gerne übernehmen würde. Er wendet sich deshalb an Dietrich und an den Lehrer.

1. Überlegt, wie Christoph sich gegenüber Dietrich und wie er sich gegenüber dem Lehrer verhalten wird.
— Was könnte er sagen?
— Welche Formulierungen wären nur gegenüber dem Mitschüler, welche nur gegenüber dem Lehrer möglich?

2. Spielt beide Situationen.
— Sprecht über den Erfolg oder Mißerfolg und die Gründe dafür.
— Welche Formulierungen waren besonders gut?

III

Ihr habt in der Pause oft Ärger mit den „Großen". Deshalb macht ihr eine Mitteilung an den Schulleiter im „Schulkummerkasten".

1. Notiert euch, was ihr schreiben wollt.
— Überlegt, ob ihr eure Beschwerde als Bitte oder als Forderung vorbringen wollt.
— Entwerft eure Mitteilung.

2. Vergleicht eure Vorschläge.
— Welche Stellen erscheinen euch gut gelungen?
— Stellt eine Endfassung her.

Übung a

Robert hat sich im Jugendclub wiederholt danebenbenommen. Deshalb hat ihm der Leiter verboten, noch weiter das Jugendheim zu betreten. Daraufhin hat Robert an den Leiter geschrieben.

> Lieber Gerd,
> ich finde das nicht richtig, daß Du mich aus dem Jugendclub rausgeschmissen hast, bloß weil ich ein paarmal Mist gemacht habe. Das haben die anderen auch schon gemacht, und die hast Du nicht rausgeschmissen. Das ist ungerecht. Ich komme also nächsten Dienstag wieder.   Robert

Lektion 13

1. Wie geht Robert vor?
   Wie wird der Jugendleiter auf seinen Brief wohl reagieren?
2. Was hättet ihr an Roberts Stelle geschrieben?
   Verfaßt diesen Brief.

Euer älterer Bruder soll euch bei der Vorbereitung für die nächste Mathematikarbeit helfen.

Ihr wollt Geld, das euch ein Bekannter schon lange schuldet, endlich zurückhaben.

Ingrid hat in der Jugendherberge ihren Trainingsanzug liegenlassen. Sie schreibt deswegen an die Herbergseltern.

1. Spielt die ersten zwei Situationen.
   – Wie habt ihr versucht, euren Wunsch durchzusetzen?
   – Hattet ihr Erfolg oder nicht?
   – Was hättet ihr besser machen können?
2. Arbeitet für die zweite und dritte Situation einen Brief aus.
   – Welcher Brief hat wohl am ehesten Erfolg?
   – Entwerft einen neuen Brief.
     Verwendet dabei die besten Einfälle und Formulierungen.

Darf ich bitte vorbei?
Weg da!
Laß mich mal durch!
Würden Sie mich bitte vorbeilassen?
Gehen Sie mir aus dem Weg!
Platz da!
Nun machen Sie schon Platz!
Sie können ja auch mal 'nen Schritt zur Seite gehen!
Sehen Sie nicht, daß ich vorbei will?
Los, mach Platz!
Ich möchte gerne vorbei.
Darf ich mal eben?

1. Entwerft Gesprächssituationen, in denen diese Sätze gesagt werden.
2. Sprecht über eure Entwürfe.
   – Wer spricht, und wer wird angesprochen?
   – Würdet ihr diese Sätze in den beschriebenen Situationen auch verwenden?
   – Macht Gegenvorschläge.

Lektion 14 | Etwas erreichen wollen – Sich einigen

I

Und so geht es weiter:
Karin: Ach Mutti, bitte. Die sind doch so schön. So was habe ich mir doch schon immer gewünscht. Du kaufst dir doch auch manchmal so tolle Sachen. Dann will ich auch gar nichts zum Geburtstag.
Mutter: Nein, schlag dir das aus dem Kopf.
Karin: Wieso denn? Drei in unserer Klasse haben die auch schon. Guck mal, die sind sogar heruntergesetzt. Und ich brauche doch sowieso neue Schuhe.

1. An welchen Stellen versucht Karin, ihre Mutter durch Gründe zu beeinflussen?
2. Auf welche Weise versucht sie es sonst noch?
3. Spielt den weiteren Gesprächsverlauf.
   Die Mutter läßt sich nicht umstimmen.

II

Mutter: Wie kommst du denn zu den Dingern?
Karin: Die habe ich mir gekauft.
Mutter: Gekauft? Wovon denn?
Karin: Von meinem gesparten Taschengeld natürlich.
5 Mutter: Was? Ohne etwas zu sagen? So viel Geld hast du doch im Leben nicht gehabt.
Karin: Ich habe mir noch dreißig Mark von Brigitte geborgt.
Mutter: Wie? Du hast dein ganzes Geld zum Fenster rausgeschmissen und auch noch Schulden gemacht? Und das für solchen Ramsch?!
Karin: Das ist kein Ramsch, das sind endlich mal moderne Stiefel.
10 Mutter: Zieh sie sofort aus! Ich bringe sie zurück.
Karin: Ich will aber auch mal was haben, was mir gefällt.
Mutter: Jetzt ist aber Schluß. So läufst du mir nicht herum.
Karin: Das ist aber modern.
Mutter: Modern oder nicht – was glaubst du, was die Nachbarn dazu sagen!
15 Karin: Das ist mir doch egal. Du sagst ja selbst auch immer: „Was gehen uns die anderen Leute an!"
Mutter: Jedenfalls – so lasse ich dich nicht aus dem Haus.
Karin: Mit meinem Taschengeld kann ich doch wohl machen, was ich will.
Mutter: Meinst du? Schließlich bekommst du es ja von uns. – So, und jetzt ist Schluß.
20 Zieh sofort die Stiefel aus!

1. Warum konnten die beiden sich nicht einigen?
   – Wie hätte Karin sich anders verhalten können?
   – Wie hätte die Mutter dann vielleicht reagiert?
2. Sucht alle Stellen heraus, an denen Karin und ihre Mutter ihre Meinung äußern.
   – Welche Gründe nennen sie jeweils?
     Haltet ihr sie für überzeugend?
   – Wie zeigt sich ihre Einstellung in der Ausdrucksweise?

Karin hätte auch anders vorgehen können.
Karin: Du Mutti, ich wollte nochmal mit dir wegen der Stiefel reden.
Mutter: Ach, laß mich damit in Frieden.
Karin: Nur ganz kurz, Mutti. Ich möchte dir einen Vorschlag machen.
Mutter: Also, meinetwegen.
5 Karin: Ich möchte doch die Stiefel so wahnsinnig gerne haben. Da habe ich mir gedacht, ich nehme mein gespartes Taschengeld, und ihr leiht mir den Rest ...
Mutter: Für solchen Firlefanz? Überleg mal, wie lange du schon gespart hast. Und wir sollen dir jetzt auch noch was leihen? Wie willst du das denn überhaupt zurückzahlen?
10 Karin: Ich kann ja so lange den Wagen waschen, bis ich das Geld abgearbeitet habe.
Mutter: Na, ich weiß nicht. Wir können ja vielleicht nachher nochmal darüber sprechen, wenn du vom Turnen zurück bist.

1. Worin unterscheidet sich Karins Vorgehen hier von dem in Teil II?
   Wie wirkt sich das auf das Verhalten der Mutter aus?

Lektion 14

2. Überlegt, wie Karin und die Mutter sich einigen könnten.
   – Stellt die Gründe der beiden zusammen.
   – Schreibt das Gespräch auf.

3. Besprecht eure Entwürfe.
   – Welche Gründe haltet ihr für vernünftig?
   – Wie gehen beide auf die Gründe des anderen ein?
   – Für welche Stellen hättet ihr bessere Vorschläge?

Übung a

1. Sprecht über die Situation.
   Welche Meinungen stehen sich hier gegenüber?

2. Notiert Begründungen für die unterschiedlichen Ansichten.
   Überlegt, was man dagegen vorbringen könnte.

3. Spielt die Auseinandersetzung (Tonband), und sprecht darüber.
   – Ist es immer zu einer Einigung gekommen?
   – Wodurch wurde der Ausgang jeweils entschieden?
   – Waren die Gründe (Argumente) überzeugend?

b

Sicher hat es in eurer Klasse schon ähnliche Auseinandersetzungen gegeben.

1. Worum ist es gegangen?
   Habt ihr euch einigen können?

2. Versucht eine Lösung im Gespräch zu finden (Tonband), und sprecht darüber.

Informationen entnehmen, auswerten, weitergeben   Lektion 15

Dieses Bild hat Dirk vom Saurier-Park in die Schule mitgebracht. Alle sind begeistert und wollen mehr darüber wissen. Da schlägt der Klassenlehrer vor: „Wir können ja eine Wandzeitung ‚Tiere aus dem Urweltzoo' machen."

1. Was wißt ihr von diesen Tieren?
   Was könnt ihr über sie aus dem Bild entnehmen?
2. Notiert, was euch außerdem interessieren würde.
   Besorgt euch entsprechendes Informationsmaterial darüber.

In der Schülerbücherei hatte Jussuf folgenden Text gefunden.
Kräftige Mahlzeiten für hungrige Riesen
Eine Mahlzeit unter Dinosauriern muß ein eindrucksvolles Schauspiel gewesen sein, denn die Riesen unter ihnen waren mehr als nur große Esser. Sie waren wahrscheinlich die gierigsten Geschöpfe, die je auf dem Land gelebt haben. Die tägliche Ration eines Camarasaurus, der viermal soviel wog wie ein Elefant, bestand aus einer Dreivierteltonne Blätter und Zweige.

Lektion 15

Die riesige Größe erklärt den gewaltigen Appetit zum Teil, aber es gab auch noch andere Gründe: Die meisten großen Dinosaurier fraßen Pflanzen, die weniger Energie spenden als Fleisch. Außerdem waren sie keineswegs so träge, wie viele Wissenschaftler bis vor kurzem dachten, sondern lebhafte Tiere, die viel Nahrung verbrannten.
Sie konnten ihren Hunger mit Leichtigkeit auf den Savannen und in den Wäldern des Mesozoikum stillen, denn damals herrschte ein mildes Klima auf der Erde, und viele Gegenden, die heute öde sind, waren damals saftig grün. Die Ufer der Seen waren dicht mit großen Farnen bewachsen, und auf den Savannen standen seltsame Bäume mit palmenartigen Blättern.
Die fruchtbaren Savannen wurden zu allgemeinen Speisesälen, wo jeder Dinosaurier auf der Höhe fraß, die er am besten erreichen konnte.

(Aus: Time life international)

Zu welchen Fragen erfahrt ihr hier etwas?
– Klärt die unbekannten Wörter.
– Haltet das Wichtigste in Stichworten fest.

III

Dinosaurier [...] eine von der Trias- bis zur Kreidezeit lebende Ordnung der Kriechtiere mit meist schwerfälligem, langgestrecktem Körper und kleinem Schädel, teils auf den Hinterbeinen gehend. Ihre Größe schwankte zwischen tauben- bis huhngroßen Kleinformen und Riesenformen, die über 12 m hoch und bis zu 35 m lang waren (die größten Landtiere überhaupt). Sie waren ursprünglich räuberische Fleischfresser, erst im Verlauf der Entwicklung wurden viele Arten zu Pflanzenfressern.

(Aus: Das große Duden-Schülerlexikon)

Einige pflanzenfressende Dinosaurier waren zu langsam, um ihren Verfolgern entkommen zu können, und entwickelten daher spezielle Schutzpanzer. Stegosaurus besaß zwei Reihen Knochenplatten auf dem Rücken und einen mit längeren Dornen besetzten Schwanz, den er wie eine Keule schwingen konnte.
Neben den gigantischen Pflanzenfressern lebten damals die großen Fleischfresser. Sie hatten lange, gebogene Zähne und scharfe Krallen. Am schrecklichsten war Tyrannosaurus, der größte landlebende Fleischfresser, von dem wir wissen. Seine klaffenden Kiefer zeigten eine Reihe fürchterlicher Zähne.

1. Zu welchen Fragen erfahrt ihr in diesen Texten etwas?
   Notiert das in Stichworten.

2. Ordnet alle eure Stichworte nach Hauptgesichtspunkten, und tragt sie jeweils auf einzelne Blätter ein.
   Ergänzt diese Notizen aus eurem eigenen Material.

3. Verfaßt nach euren Notizen einen Text über die „Ernährung der Saurier".
   – Was und wieviel fraßen die Saurier?
   – Woher bekamen sie ihre Nahrung?

Lektion 15

VI

Die Schüler haben auch Artikel über einzelne Saurierarten verfaßt.

Saurierarten

Das Triceratops

Das Tier sieht aus wie ein riesiges Nashorn. Es ist 7 m lang und 2,50 m hoch. Es hat einen plumpen Körper und dicke, kurze Beine. Außer einem langen, spitzen Horn auf der Nase hat es noch zwei lange, nach vorn gerichtete Hörner über den Augen. Damit konnte es sich vor Angreifern schützen. Dieselbe Aufgabe erfüllte der nach den Seiten und nach oben hochgezogene Hornschild, der den Nacken schützte.

Angelika

Es ist ein großes Tier und hat drei Hörner. Die Beine sind ziemlich dick. Es hat auch einen Schwanz. Die Schnauze ist lang und vorne krumm. Es hat einen Panzer oben und an den Seiten vom Kopf. Das untere Horn ist kürzer.

Werner

1. Nach welcher Beschreibung könnt ihr euch das Tier besser vorstellen?
   Begründet eure Meinung.
2. Erklärt an Beispielen, mit welchen sprachlichen Mitteln es Angelika gelingt, ein anschauliches Bild von dem Tier zu geben.
   Wie geht sie bei ihrer Beschreibung vor?

Übung a

1. Beschreibt eines der drei Tiere.
   Der Leser muß es sich auch ohne Bild vorstellen können.
   Beginnt mit dem Gesamteindruck, und geht dann auf die Einzelheiten ein.
2. Informiert euch über das Vorkommen und die Lebensgewohnheiten dieser Tiere.
   Stellt eure Informationen zu einem kleinen Artikel zusammen.

Auch heute gibt es viele Tiere, die vom Aussterben bedroht sind.

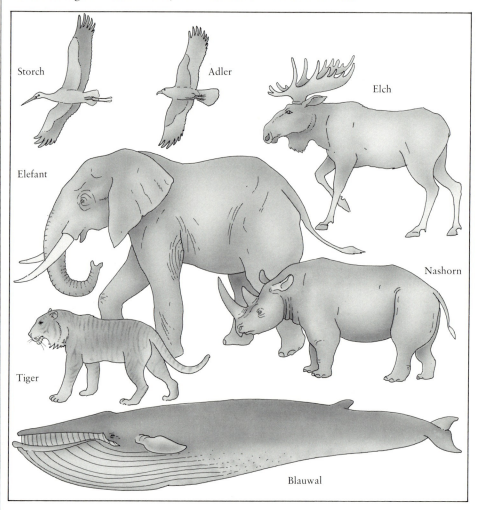

1. Beschafft euch über eins der Tiere Informationsmaterial.
   Ordnet die Informationen nach folgenden Gesichtspunkten:
   Vorkommen und Verbreitung
   Aussehen
   Lebensgewohnheiten
   Gründe für das Aussterben

2. Arbeitet eure Notizen zu einem Text aus.
   – Fangt mit jedem Gliederungspunkt einen neuen Abschnitt an.
   – Ordnet innerhalb dieser Abschnitte die zusammengehörenden Angaben.

Eine Befragung planen und durchführen

Lektion 16

Jochen: Es ist gleich viertel nach. Der Krimi fängt an.
Mutter: Nein, mein Lieber, das wird zu spät. Dann hast du wieder nicht ausgeschlafen. Solange du so schlecht in der Schule bist, gibt es kein Fernsehen.
Jochen: Die anderen dürfen auch, und die stehen noch viel schlechter.
5 Vater: Ganz egal, ich will die politische Sendung im zweiten Programm sehen.
Oma: Nun sei mal vernünftig. Im Krimi gibt's sowieso nur Mord und Totschlag. Und dann träumst du wieder davon.
Jochen: Wenn ich was nicht soll, dann fällt euch immer was ein. Ich möchte wirklich wissen, ob die anderen Eltern auch immer solche Ausreden haben.
10 Vater: Ja, da erkundige dich mal. Und dann kannst du auch gleich fragen, ob die anderen wirklich alle Krimis sehen dürfen.
Jochen: Darauf kannst du dich verlassen. Morgen frage ich die ganze Klasse.

1. Wie ist das bei euch zu Hause?
   – Listet die Gründe auf, die ihr zu hören bekommt.
   – Notiert auch, warum Jochen nicht fernsehen darf.

2. Was will Jochen durch die Umfrage erfahren?
   Notiert, welche Fragen er also stellen muß.

3. Welche von den folgenden Fragen haltet ihr für brauchbar?
   Begründet, warum die übrigen nicht zu verwenden sind.

   Wie ist das bei euch mit dem Fernsehen?
   Was haben deine Eltern dagegen, daß du dir Krimis ansiehst?
   Kannst du fernsehen, wann du willst?
   Was gefällt dir an Krimis?
   Darfst du dir Krimis ansehen?
   Welche Sendungen siehst du am liebsten?
   Darfst du sehen, was du willst?
   Hast du den Krimi letzten Freitag gesehen?
   Darfst du abends statt der Krimis andere Sendungen sehen?
   Wer schimpft bei euch am meisten, wenn du abends fernsehen willst?

4. Stellt aus den Fragen von Aufgabe 2 und 3 eine Liste für eine Umfrage zusammen.

   Darfst du immer   ☐
              manchmal   ☐
              nie Krimis sehen? ☐

   Darfst du nur tagsüber ☐
              abends   ☐
              ganz spät Krimis sehen? ☐

Lektion 16

II Auch das Taschengeld führt oft zu Auseinandersetzungen mit den Eltern. Deshalb hat ein sechstes Schuljahr eine Umfrage geplant und folgende Frageliste vorgeschlagen.
Bekommst du Taschengeld?

A
1) Wieviel Taschengeld bekommst du in der Woche oder im Monat?
2) Wieviel Taschengeld sollten Zwölfjährige bekommen?
3) Bekommst du das Taschengeld von deinem Vater oder von deiner Mutter?
4) Kommst du mit deinem Taschengeld aus?

B
1) Kannst du dein Taschengeld verbrauchen, wie du willst?
2) An welchem Wochentag bekommst du dein Taschengeld?
3) Wofür gibst du am meisten Taschengeld aus?
4) Sparst du etwas von deinem Taschengeld?

C
1) Brauchst du eine Erhöhung des Taschengeldes?
2) Hast du mit deiner Bitte um Erhöhung des Taschengeldes Erfolg gehabt?
3) Bekommen deine Geschwister auch Taschengeld?
4) Aus welchem Grund haben deine Eltern die Erhöhung des Taschengeldes abgelehnt?

1. Worauf beziehen sich die Fragen in den Hauptpunkten A, B und C?

2. Welche Fragen sind für die Umfrage nicht zu gebrauchen?

3. Ordnet die folgenden Fragen an der geeigneten Stelle unter A, B und C ein.
   Womit hast du deinen Wunsch nach Taschengelderhöhung begründet?
   Wofür gibst du am wenigsten Taschengeld aus?
   Bist du mit der Höhe deines Taschengeldes zufrieden?
   Wofür sparst du dein Taschengeld?

4. Sucht aus dieser Liste die wichtigsten Fragen für eine Umfrage in eurer Klasse heraus, und führt sie durch.

III Bei einer Umfrage einer sechsten Klasse von vierundzwanzig Schülern kam es zu folgendem Ergebnis:

1. Frage: Bekommst du Taschengeld?

Ergebnis: 20 Ja-, 4 Neinstimmen

Auswertung: Von vierundzwanzig Schülern erhalten zwanzig Taschengeld und vier nicht.

2. Frage: Wieviel Taschengeld bekommst Du wöchentlich?

Ergebnis: 2 mal DM 2,50; 4 mal DM 3,00; 6 mal DM 4,00; 3 mal DM 5,00; 2 mal DM 7,50; 1 mal DM 8,00; 1 mal DM 10,00; 1 mal DM 12,00;

Auswertung: Von den zwanzig Schülern erhalten zwei unter drei Mark, dreizehn zwischen drei und fünf Mark, vier zwischen fünf und zehn Mark und einer über zehn Mark Taschengeld.

Lektion 16

1. Wertet eure Umfrage auf dieselbe Weise aus.
2. Welche Antworten sind auf die Fragen wie im Beispiel 1 möglich?
3. Wie unterscheiden sich davon die Antworten auf Fragen wie im Beispiel 2?

Fragen, bei denen man sich zwischen <u>ja</u> und <u>nein</u> <u>entscheiden</u> muß, heißen <u>Entscheidungsfragen</u> (Ja-Neinfragen).

Fragen, mit denen man eine fehlende Angabe <u>ergänzen</u> will, heißen <u>Ergänzungsfragen</u>. Sie werden durch Fragewörter (<u>w</u>er, <u>w</u>ie, <u>w</u>o, <u>w</u>as, <u>w</u>arum, <u>w</u>ieviel, <u>w</u>ann usw.) eingeleitet (W-Fragen).

Übung a

Darfst du abends fernsehen?
Welche Filme darfst du nicht sehen?
Was gefällt dir an einem Krimi?
Was haben deine Eltern dagegen, daß du Krimis siehst?
Welche Filme siehst du am liebsten?
Kannst du nach einem Krimi gleich einschlafen?
Schalten deine Eltern manchmal ab, wenn ein Krimi kommt?
Siehst du gern Krimis?
Siehst du auch gern Abenteuerfilme?
Interessierst du dich für Tierfilme?
Wie lange darfst du täglich fernsehen?
Bis wann darfst du abends fernsehen?

1. Stellt die Fragen geordnet zusammen.
2. Beantwortet die Fragen.
3. Stellt mit Hilfe der Antworten fest, ob es sich um Entscheidungs- oder Ergänzungsfragen handelt.
4. Führt die Umfrage zum Taschengeld in einer Parallelklasse durch.
   Wertet sie aus, und vergleicht die beiden Umfrageergebnisse miteinander.

---

b

Welche Probleme habt ihr im Zusammenhang mit euren Hausaufgaben?
1. Sammelt die Fragen zu dem Thema, und ordnet sie für eine Umfrage.
2. Führt die Umfrage in eurer Klasse durch, und wertet die Antworten aus.
3. Faßt eure Umfrageergebnisse in einem kurzen Text zusammen.

Lektion 17 | Spielanleitungen erfinden und schreiben

1. Wie wird hier Tischtennis gespielt?
   Haltet in Stichworten fest, was ihr über die Anzahl der Spieler, Spielzubehör, Spielverlauf und Ende des Spiels erfahrt.

2. Wie spielt ihr das Spiel?
   Erklärt es im Zusammenhang.

3. Einigt euch auf eine bestimmte Spielweise, und notiert euch dazu Regeln.

4. Formuliert anhand der Zeichnung, was als Fehler gilt.

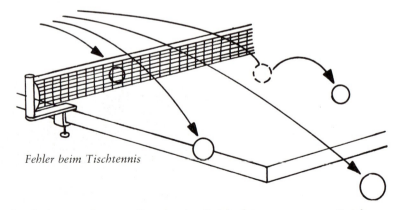

Fehler beim Tischtennis

5. Schreibt jetzt nach euren Regeln eine Spielanleitung zu eurem Spiel.
   Achtet darauf, daß eure Angaben vollständig und gut verständlich sind.

Lektion 17

e dient eine Linie mit 13 Strichen.
vird mit der Ziffer 0 markiert. Die
her – mit 1 bis 6 durchnumeriert.
dieser Stelle gesagt – es den
sch" beide oder nur einen Würfel
schtennis muß der Ball – der Chip –
Hälfte geschlagen werden (beim
er Gegenspieler gibt den Ball mit
en Punkt ab, ebenso, wenn der Ball
etz (0), darf der Schlag wiederholt
el ausgetragen. Der Sieger beginnt.
piel endet mit 21 Punkten, wenn der
Vorsprung mindestens em Stand von 20 : 20 muß so lange
weitergespielt werden, bis zwei Punkte Abstand erreicht sind.

(Aus: Feder, J., Die schönsten Spiele mit Würfeln)

1. Erklärt, wie das Spiel gespielt wird.
2. Haltet alle wichtigen Angaben fest, und erklärt das Spiel im Zusammenhang.
3. Ihr wollt das Spiel einem Freund in einem Brief erklären.
   Ordnet die Angaben nach Mitspieler, Spielmaterial, Spielverlauf und Siegerermittlung, und schreibt die Spielanleitung entsprechend um.

Übung

1. Überlegt euch Regeln zu diesem Spiel, und notiert sie.
2. Überprüft eure Regeln im Spiel, und arbeitet sie zu einer Spielanleitung aus. Eure Erklärungen sollen folgerichtig geordnet, vollständig und verständlich sein.

Lektion 18 Versuchsbeschreibungen und Bastelanleitungen verstehen und abfassen

I

Ballon-Lampen

Um Ballon-Lampen zu basteln, braucht ihr kein großes zeichnerisches Können! Hauptsache, es macht euch Spaß, etwas nach euren Vorstellungen anzumalen, was dann lustig und bunt aussieht – und außerdem noch brauchbar ist. Besorgt euch dieses Zubehör: Pinsel, Farben, einen kleinen Weidenkorb, Stoffreste, Watte, Schnur oder Wolle, Papierlampen (Japanlampen). Die Lampen bekommt ihr zusammengelegt, ihr müßt sie zunächst auseinanderfalten. Und dann bemalt ihr sie, wie es euch gefällt, mit farbigen Mustern, mit Figuren, mit Ornamenten. Etwas schwierig ist es, die Schnur anzuknüpfen. Sie wird – oben angefangen – in vier Doppelsträngen herabgeführt und an einigen Stellen verknotet, so daß der Ballon in einem großmaschigen Netz steckt. (Vielleicht schafft ihr es auch anders.) An die unteren Enden der Schnur wird der kleine Weidenkorb gehängt. Aus den Stoffresten bastelt ihr – mit Watte anstatt mit Sand gefüllte – Sandsäcke, die an den Ballon gehängt werden. Und nun könnt ihr in den Korb noch Puppen oder Tiere setzen oder aus Pappe geschnittene und bemalte Figuren. Diese Ballons werden schließlich als Lampen an die Decke gehängt, baumeln von dort herab, bringen gedämpftes Licht ins Zimmer, sehen fröhlich aus. Darüber freuen sich übrigens nicht nur Kinder, sondern auch (manche) Erwachsene!

Idee: Rauchbach (Aus: treff Schülermagazin)

1. Notiert die Angaben, die für das Basteln wichtig sind.
   – Welches Material benötigt ihr?
   – Wie geht ihr beim Basteln vor?

2. Begründet, warum ihr manches aus dem Text nicht berücksichtigt habt.

3. Ordnet die Angaben zum Bastelvorgang entsprechend den Arbeitsschritten, und arbeitet sie zu einer kurzgefaßten Bastelanleitung aus.

II

Strom aus Obst

Ihr benötigt zu diesem Experiment eine Zitrone, ein Stück starken, blanken Kupferdraht, einen Eisennagel und einen kleinen Kopfhörer, wie er meistens bei Transistorradios oder Kassettenrecordern mitgeliefert wird.

Halbiert die Zitrone und steckt, etwa im Abstand von einem halben Zentimeter, den Kupferdraht und den Eisennagel möglichst tief und senkrecht in das Fruchtfleisch der Zitrone.

Lektion 18

Klemmt den kleinen Kopfhörer ins Ohr und berührt jetzt mit dem Stecker des Kopfhörers gleichzeitig beide aus der Zitrone herausragenden Metallenden. Ihr müßt darauf achten, daß der eine Draht den Stecker ganz unten, der zweite Draht den Stecker oberhalb der schwarzen Isolierung berührt.
5 Im Kopfhörer werdet ihr ein zwar leises, aber dennoch deutliches Knacken oder Kratzen hören können. (Übrigens, wenn keine Zitrone im Haus ist, könnt ihr auch eine Grapefruit, eine Orange oder einen Apfel dazu verwenden.) Die Obstsäure reagiert mit den beiden Metallen. Bei dieser Reaktion werden Elektronen frei, und es entsteht ein – wenn auch nur schwacher – elektrischer Strom, der das Knacken im Kopfhörer
10 verursacht.

Franz Moisl (Aus: treff Schülermagazin)

Übung

1. Macht euch zu folgenden Punkten Notizen.
   – Was soll durch den Versuch bewiesen werden?
   – Was wird dafür benötigt?
   – Wie wird er durchgeführt?
2. Probiert den Versuch in der Klasse aus.
   Notiert eure Beobachtungen.
3. Beschreibt euren Versuch mit Hilfe eurer Notizen.
   Gliedert die Beschreibung nach Aufbau, Ablauf und Ergebnis des Versuchs.
4. Schreibt euren Text zu einer knappen Versuchsanleitung um.
   Eine Zitrone halbieren, ...

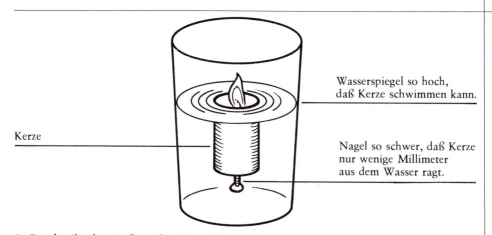

Kerze
Wasserspiegel so hoch, daß Kerze schwimmen kann.
Nagel so schwer, daß Kerze nur wenige Millimeter aus dem Wasser ragt.

1. Beschreibt den Aufbau des Versuches.
   – Was wird benötigt?
   – Wie ist der Versuch aufgebaut?
2. Führt den Versuch in der Klasse durch.
   Notiert in Stichworten, was ihr beobachtet.
3. Schreibt den Versuch als zusammenhängenden Text auf.
   Ordnet eure Beschreibung nach Aufbau, Ablauf und Ergebnis.
4. Wie kommt es, daß die Kerze unter Wasser weiterbrennt?

Lektion 19 | Von Vorfällen berichten

I

Erster Ferientag

Kai, Veronika und Sebastian, Alexander und Arno sind auf dem Abladeplatz für Sperrmüll und suchen, ob sie was Brauchbares für ihre Bude finden können. Aber sie haben kein Glück. Ärgerlich tritt Sebastian eine Konservenbüchse zur Seite, dann sagt er überrascht: „Mensch, die ist ja noch voll!" Er holt sie zurück und meint: „Tatsächlich. Aber die ist ja zugelötet. Los, die machen wir mal auf." – „Zeig mal", sagt Arno, „ich habe einen Büchsenöffner am Taschenmesser." Neugierig scharen sich die anderen um Arno, der jetzt die Dose öffnet. Plötzlich ruft er aufgeregt: „Mann, da ist ja Geld drin!" – „Zeig mal!" – „Laß mal sehen!" schreien alle wild durcheinander. Dann sind sie sprachlos vor Staunen, als Arno ein Bündel Hundertmarkscheine nach dem anderen aus der Dose holt. Während Kai und Sebastian zählen, machen die anderen schon Pläne. „Mensch, jetzt können wir uns ja 'ne ganz neue Bude kaufen." – „Ach, du hast sie wohl nicht alle. Das Geld gehört uns doch gar nicht." – „Wir sagen einfach nichts und teilen es uns." – „Du, das Geld müssen wir erst aufs Fundbüro bringen. Wenn sich dann keiner meldet, kriegen wir es ja sowieso." – „Genau zehntausend Mark", verkündet Sebastian jetzt.
Die Fünf packen das Geld wieder in die Dose und gehen zur Polizei. Der Polizist nimmt ihre Namen und Adressen auf. Dann fragt er: „So, nun erzählt mal, wie ihr an das Geld gekommen seid."

1. Veronika berichtet dem Polizisten, wie sie das Geld gefunden haben.
   Was würde sie sagen?
2. Über den Fund der Kinder muß der Polizist einen Bericht verfassen.
   – Schreibt aus dem Text die Angaben heraus, die er für seinen Bericht braucht.
   – Achtet darauf, daß die Angaben sachlich richtig sind.
3. Verfaßt aus euren Notizen einen Bericht.
   Schreibt die einzelnen Ereignisse in der Reihenfolge auf, wie sie nacheinander passiert sind.
4. Wie könnte eine kurze Zeitungsnotiz lauten, die von dem Fund des Geldes berichtet?

Lektion 19

	Lehrer:	Wie ist das passiert?
	Udo:	Ach, die ist doch selbst schuld. Die rennt ja immer wie 'ne Verrückte. Und da ist es eben passiert.
	Bettina:	Ich hab's genau gesehen. Wir haben Fangen gespielt, die Sabine, Jörg, Udo, Sascha und ich. Und wie ich um die Säule gerannt bin, da lag Sabine da und schrie.
	Sascha:	Das war bestimmt der Jörg. Der stellt doch immer Beinchen.
	Jörg:	Ich und Beinchen stellen?! Du hast sie wohl nicht alle.
	Lehrer:	Nun mal nicht alle durcheinander. Sascha, hast du das nun wirklich gesehen, oder meinst du das bloß?
	Sascha:	Wer soll's denn sonst gewesen sein? Jörg hat doch was gegen Sabine, weil die ihn nicht abgucken läßt.
	Lehrer:	Na, Sascha, so geht's nicht. Also, Melanie, wie war es nun genau?
	Melanie:	Ja, ich wollte gerade in die Klasse, weil ich mein Butterbrot vergessen hatte. Und da habe ich gerade noch gesehen, wie Sabine angerannt kam, und da hat die sich umgedreht.
	Maria:	Ja, das stimmt. Und dabei ist sie über die Stufe gestolpert. Und zwar genau zwischen den Säulen. Udo wollte sie gerade fangen.

1. Welche Äußerungen sagen etwas darüber aus, wie der Unfall geschehen ist? Welche Informationen könnt ihr dazu dem Bild entnehmen?
2. Mit welchen Äußerungen kann der Lehrer nichts anfangen?
   Erklärt, warum sie nichts nützen.
3. Schreibt in Stichworten auf, was nacheinander geschehen ist.
   Achtet darauf, daß ihr nur Tatsachen notiert und keine Vermutungen.
4. Erzählt die Einzelheiten in der Reihenfolge, in der sie passiert sind.
5. Arbeitet eure Notizen zu einem Bericht aus.

Gleich am Morgen nach ihrer Ankunft in der Jugendherberge hatte die 6 b Ärger mit dem Herbergsvater. Dieser hatte nämlich unter ihrem Schlafzimmerfenster frische Zigarettenstummel gefunden und schloß daraus, daß trotz ausdrücklichen Verbots im Schlafzimmer geraucht worden war. Die Schüler verteidigten sich mit dem Hinweis, daß die Zigaretten auch aus dem Zimmer über ihnen hinausgeworfen worden sein konnten. Dieser Raum war jedoch seit mehreren Tagen nicht mehr benutzt worden. Der Lehrer der 6 b äußerte, daß vielleicht jemand unten vor dem Fenster geraucht habe. Wie sich herausstellte, waren die Schüler tatsächlich unschuldig. Zwei Angestellte der Jugendherberge hatten nach Feierabend eine Zeitlang dort gestanden und einige Zigaretten geraucht.

1. Gebt an, wo Meinungen oder Vermutungen geäußert werden.
2. Notiert die Tatsachen, und verfaßt daraus einen Kurzbericht.

Lektion 19

Übung a

Als der Lehrer in die Klasse kommt, will er wissen, was los war.

Lehrer: Wann ist das denn passiert?
Ulla: Jetzt gerade.
Lehrer: So, und wie habt ihr das fertiggebracht?

Lektion 19

	Peter:	Wir haben uns gezankt.
	Lehrer:	Wir? Wer ist wir?
	Peter:	Martin und ich.
	Lehrer:	Vom Zanken allein kommt doch der Vorhang nicht herunter. Was war denn
5		sonst noch los?
	Ulla:	Ja, Peter stand auf der Heizung und wollte Martins Jacke aus dem Oberlicht
		werfen. Und dabei ist er aus dem Gleichgewicht gekommen.
	Lehrer:	So, so! Und warum wolltest du die Jacke rauswerfen, Peter?
	Peter:	Martin hat wieder meine Tasche versteckt, und da habe ich ihm die Jacke
10		weggenommen.
	Lehrer:	Aber was hat das alles mit dem Vorhang zu tun?
	Brigitte:	Na, Martin wollte Peter doch von der Heizung runterziehen. Und da hat er sich
		am Vorhang festgehalten.
	Lehrer:	Also, jetzt nochmal genau der Reihe nach. Wie hat es angefangen, und was ist
15		dann passiert?

1. Seht euch die Bilder und den Text an.
   Notiert, was im einzelnen geschehen ist.
2. Arbeitet eure Notizen zu einem Bericht aus.
   Schreibt die Ereignisse in der Reihenfolge auf, wie sie nacheinander passiert sind.

16.00 Uhr Entscheidungsspiel 6 a gegen 6 b – Detlev Torwart – Medizin aus Apotheke holen – Zeit knapp – Mofa von Bruder vor dem Haus – heimlich benutzen – bei Apotheke Einbahnstraße in falscher Richtung befahren – Polizist – kein Führerschein – Polizeiwache

b

1. Erzählt, was geschehen ist.
2. Verfaßt über den Vorfall einen Kurzbericht.
   Achtet auf die richtige Reihenfolge und eine knappe, klare Darstellung.

Schreibt einen möglichst knappen Bericht über einen Vorfall, der euch in eurer Klasse, im Sportverein oder zu Hause passiert ist.

c

1. Überlegt, was der Leser erfahren muß, wenn er genau Bescheid wissen soll.
2. Ordnet die einzelnen Angaben entsprechend der Reihenfolge des Geschehens.
   Richtet euch dabei nach diesen Fragen:
   Was ist geschehen?
   Wer war daran beteiligt?
   Wo hat sich das Ganze abgespielt?
   Wann ist es geschehen?
   Wie ist es zu dem Vorfall gekommen?
   Wie ist der Vorfall abgelaufen?

Mit Texten umgehen

Lektion 20 | **Texte, die erzählen**

I

Die Geschichte vom gehorsamen Jungen   *Ursula Wölfel*

Ein Junge tat immer, was ihm gesagt wurde. Er bildete sich viel darauf ein, daß er so gehorsam war.
Einmal machte seine Schulklasse eine Wanderung. Einige Kinder wollten bei einer Pferdekoppel stehenbleiben. Auch der gehorsame Junge war dabei.
Die Lehrerin sagte: „Wir anderen gehen schon ins Dorf. Ihr könnt nachkommen, dann treffen wir uns im Gasthaus. Geht nur geradeaus weiter, und bleibt alle beisammen."
Bald hatten die Kinder den Pferden lange genug zugesehen. Sie wollten jetzt ins Dorf gehen.
Natürlich führte der Weg nicht genau geradeaus. An der zweiten Biegung blieb der gehorsame Junge stehen, denn hier zweigte ein Wiesenpfad ab, der führte geradeaus zu einem Kartoffelacker. Dort hörte er auf.
„Wir sollten immer geradeaus gehen", sagte der Junge.
„Ins Kartoffelfeld?" fragten die anderen. „Dort links liegt das Dorf. Wir bleiben auf dem Weg."
„Halt!" rief der Junge. „Wir sollen beisammen bleiben!"
„Dann komm doch mit uns!" riefen die anderen.
„Aber ihr geht nicht geradeaus!" rief der Junge. Erst lief er ihnen nach, dann rannte er zurück zur Wegbiegung und wieder hinter den anderen her und wieder zur Wegbiegung – und hetzte hin und her, bis nach einer halben Stunde die Lehrerin kam und ihn holte. Sie war ärgerlich. Das konnte der gehorsame Junge nicht verstehen.

1. Wovon handelt die Geschichte?
   Würdet ihr gern mehr Geschichten dieser Art lesen?
2. Wie läßt sich das Verhalten des Jungen erklären?
3. Wozu werden solche Geschichten wohl erfunden?
4. Was wollte die Verfasserin damit wohl sagen?

II

Das Zeichen

Aus der großen Wüste weht ein heißer Wind. Die Hitze ist drückend. Moki und sein Freund Ni kommen von der Schule. Als sie am Fluß sind, ziehen sie schnell ihre Hemden aus und springen ins Wasser. Dann setzen sie sich in den Schatten eines alten Eukalyptusbaumes. Plötzlich starrt Ni auf Mokis Rücken. „Moki", sagt er entsetzt, „du hast die weißen Zeichen!" Und hastig greift er nach seinem Hemd und rennt davon. Moki versucht vergeblich, über seine Schulter auf seinen Rücken zu sehen. Nachdenklich steht er dann auf, streift sein Hemd über und geht langsam zum Dorf.
„Es ist nichts", meint die Mutter mit starrem Gesicht, als Moki ihr seinen Rücken zeigt. „Ni sollte sich schämen. Mit so etwas scherzt man nicht." Aber ihre Hand zuckt erschrocken zurück. Ni hat also die Wahrheit gesagt.

Lektion 20

Weit außerhalb des Dorfes sitzt Moki allein auf einem Baumstamm. Jetzt wird niemand mehr mit ihm spielen, und keiner wird ihm mehr die Hand geben, nicht einmal seine Mutter. Man wird ihn ins Dorf der Leprakranken schicken. Moki hat Angst.

1. Worum geht es in dieser Geschichte?
2. Erklärt im einzelnen, was euch beeindruckt hat.
   – Wie verhalten sich die Menschen, und was geht in ihnen vor?
   – Welches ist der packendste Augenblick?
   – Wie entwickelt sich die Handlung schrittweise bis zu diesem Punkt?
3. Bringt Geschichten, die euch beeindruckt haben, mit in die Schule, und lest sie vor. Sprecht darüber, warum ihr sie gut fandet.

Der Gang führte immer noch abwärts. Aber als Jack auf seinen Kompaß blickte, stellt er fest, daß sie nicht mehr in den Berg hineingingen, sondern in entgegengesetzter Richtung. Hoffentlich kamen sie nicht wieder ans Tageslicht, ohne die Schatzhöhle gefunden zu haben.

5 Da stießen sie plötzlich auf eine Treppe, die abwärts führte. (...) Nach etwa zwanzig Stufen standen sie vor einer mächtigen Tür aus festem Holz mit eisernen Beschlägen. Die Kinder blieben stehen und starrten sie an.
Eine Tür! Was befand sich dahinter? War sie verschlossen und verriegelt? Wer hatte sie hier angebracht und warum? Führte sie vielleicht in die Höhle mit dem Schatz? Die Tür
10 hatte weder Klinke noch Schloß. [...]
„Wie soll man eine Tür ohne Klinke öffnen?" sagte Jack ratlos. Er versuchte sie aufzustoßen, aber sie rührte sich nicht. [...] „Halt!" rief Lucy plötzlich. „Siehst du dort den eisernen Knauf? Er ist viel heller als die anderen. Warum wohl?"
Jack hielt die Lampe näher heran. Lucy hatte recht. Der eine Knauf schien heller zu sein,
15 als wäre er oft angefaßt worden. [...] Er ergriff den eisernen Knauf und rüttelte daran. Bewegte sich da nicht etwas? Er rüttelte noch einmal heftiger, jedoch ohne Erfolg. Und dann kam er endlich auf den Gedanken, den Knauf zu drehen. Er ließ sich ganz leicht herumdrehen. Ein lautes Knacken ertönte. [...]
Die Tür stand jetzt weit offen. Dahinter schimmerte ein gedämpftes Licht. Erschreckt
20 griff Lucy nach Jacks Hand. „Die Höhle ist ja voll von Menschen. Sieh doch nur!" Mit angehaltenem Atem starrten die Kinder durch die Tür. Wie unheimlich! In dem dämmerigen Raum standen die seltsamsten Gestalten umher. Ihre Augen funkelten. Die Zähne blitzten durch das Halbdunkel. Hals und Arme waren mit glitzernden Edelsteinen bedeckt.

(Aus: Blyton, E.: *Das Tal der Abenteuer*)

1. Welches ist der spannendste Augenblick?
   Zeigt am Text, wie sich die Spannung bis zu diesem Punkt entwickelt.
2. Beschreibt, was in den Kindern vorgeht.
3. Lest die Geschichte so vor, daß die Spannung für die Hörer deutlich wird.
4. Erfindet einen Schluß zu diesem Abenteuer, und erzählt ihn.

Lektion 21 | **Texte, die informieren**

I

Onkel Werner ist zu Besuch und spielt mit Klein-Bettina auf dem Balkon. Da kommt Axel aus dem Wohnzimmer.

Onkel Werner: Na Axel, hast du wieder einen von deinen geliebten Indianerfilmen gesehen?
Axel: Klar. „Die Rothäute vom Todestal".
Bettina: Warum heißen die eigentlich Rothäute?
Axel: Warum denn wohl?! Weil die 'ne rote Haut haben. 5
Onkel Werner: Na Axel, ich dachte, du wüßtest über deine Lieblinge ein bißchen besser Bescheid. Ich muß dir wohl mal was über Indianer mitbringen.

Axel weiß nicht Bescheid. Was könnte er von sich aus tun?

II

DIE INDIANER waren die ersten Bewohner von Nordamerika. Als Kolumbus diesen neuen Erdteil entdeckte, lebten im Gebiet der heutigen USA über tausend verschiedene **Indianerstämme**. Am bekanntesten sind die Indianer der **Prärie**. Damals gab es noch Millionen von **Büffeln**. Sie waren die wichtigsten Tiere der Prärieindianer. Später zogen dann die wilden **Mustangs** durch die Prärie. Sie wurden mit Lassos gefangen. 5
Häufig gab es Kämpfe zwischen den einzelnen Stämmen, die alle verschiedene Sprachen hatten. Sie kämpften jedoch mit gleichen Waffen gegeneinander – mit Pfeil und Bogen und dem **Tomahawk**. Aber dann drangen weiße Siedler mit Gewehren in das Indianerland ein. Sie nahmen den Indianern ihr Land weg und trieben sie immer weiter nach Westen. Mit ihnen kamen Leute, die eine Eisenbahnlinie durch die Prärie bauten. Sie 10
schossen die Büffel ab und zerstörten die Jagdgründe der Indianer. Diese wehrten sich verzweifelt: Sie überfielen die Häuser der Siedler und zündeten die Dörfer und Forts an. Doch die **Rothäute** kamen gegen die Überzahl der **Bleichgesichter** und deren Feuerwaffen nicht an. Da verschafften sich die Indianerstämme Gewehre und verteidigten ihr Land gemeinsam gegen die Weißen. Jetzt schickte die Regierung der amerikanischen Staaten 15
Soldaten. Diese töteten viele Indianer und jagten die wenigen übriggebliebenen Stämme in die **Reservation**. Dort leben ihre Nachkommen heute noch. Viele wohnen in **Wigwams** wie ihre Vorfahren. Sie gehen noch auf die Jagd, auch wenn es keine Büffel und Mustangs mehr gibt. Die meisten Stämme verdienen sich etwas Geld, indem sie sich von Ferienreisenden fotografieren lassen. Von dem Land, das den Indianern einst gehörte, ist 20
ihnen nur wenig geblieben.

(Aus: Thiel, H.P./Anton, F., Erklär mir die Indianer)

1. Was erfahrt ihr über die Indianer?
2. Was habt ihr selbst bisher noch nicht gewußt?
   – Klärt die Stellen, die ihr nicht verstanden habt.
   – Wie könnt ihr dabei vorgehen?

Lektion 21

Indianer

Bleichgesicht hießen die Weißen bei den Indianern.
Büffel oder Bisons waren wilde Rinder, von denen sich die Indianer ernährten. Aus den Häuten der Tiere nähten sie sich Kleider und Zelte. Auch ihre Schuhe, die Mokassins, waren aus Büffelleder. Heute werden die Büffel in Amerika gezüchtet, und es gibt wieder kleine Herden in den Naturschutzgebieten.
Indianerstamm ist eine Gruppe von Indianern, die durch ihre gemeinsame Sprache zusammengehören. Es gab Stämme mit vielen tausend und solche mit wenigen hundert Indianern. Jeder Stamm hatte einen Häuptling. Berühmte Stämme der Prärieindianer waren die Sioux (sprich: Siu) und die Komantschen.
Mustang ist ein kleines, verwildertes Pferd, das in großen Herden in der Prärie lebte. Die Mustangs stammen von europäischen Pferden ab, die von den Spaniern nach Amerika gebracht worden waren. [...]
Prärie heißt das Grasland in Nordamerika. Heute gibt es dort große Weizenfarmen und Viehfarmen. [...]
Reservation oder Reservat ist ein besonderes Wohngebiet, in dem heute die meisten Indianer leben. Sie dürfen nur in diesen Gebieten jagen. Manche verlassen die Reservate und gehen in die Städte der Weißen.

Rothaut schimpfen die Weißen die Indianer. Das kam daher, daß diese ihre Gesichter mit roter Farbe anmalten. Die Haut der Indianer ist hellbraun.
Tomahawk (sprich: Tomahack) war das Kriegsbeil der Indianer.
Wigwam ist eine indianische Wohnhütte aus Baumrinde. Die Zelte aus Büffelhaut heißen Tipis.

(Aus: Thiel, H.P./Anton, F., Erklär mir die Indianer)

Prärie [lat.-frz.] *w*, baumlose, flache Grassteppe in Nordamerika. Sie reicht vom Golf von Mexiko bis in das südliche Kanada u. wird jetzt v. a. für den Getreideanbau u. die Viehzucht genutzt. Früher weideten hier riesige Herden von † Bisons.
Reservationen [lat.] *w, Mz.*, in Kanada u. in den USA fest umgrenzte Landesteile, die den Indianern als Wohngebiete zugewiesen sind. In den R. können die Indianer eigene Verwaltung und eigene Gerichtsbarkeit ausüben. In Australien gibt es R. für die eingeborenen Australier.
Wigwam [indian.-engl.] *m*, zeltartige Behausung der Indianer Nordostamerikas.

(Aus: Das farbige Duden-Schülerlexikon)

Die Erschließung Nordamerikas durch die Siedler, dargestellt am Vorrücken der Frontier (Grenze) nach Westen.

Lektion 21

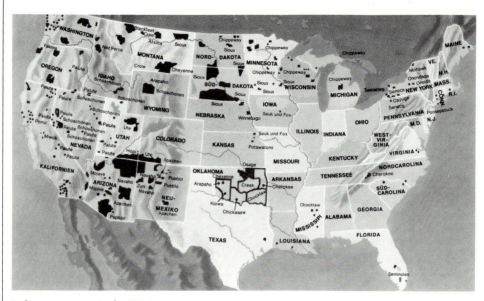

Indianerreservate in den USA

1. Wie unterscheiden sich die verschiedenen Angaben zu denselben Stichwörtern?
2. Schlagt auch die übrigen Stichwörter in anderen Nachschlagewerken nach. Faßt eure Informationen zu jedem Stichwort zusammen.
3. Notiert, was ihr den Karten entnehmen könnt. Erklärt das im Zusammenhang.
4. Wo findet ihr solche Texte und Übersichten? Für welchen Zweck werden sie verfaßt?

IV

Lektion 21

DIE BEMALUNG hat den Indianern den Namen „Rothäute" eingebracht. Ihre natürliche Hautfarbe ist fast hellbraun. Auf Kriegszügen, bei Festen und bei Trauer bemalten sie Gesicht und Körper mit verschiedenen Farben. Bei den nordamerikanischen Indianerstämmen galt Rot als *Kriegsbemalung,* Weiß war die Farbe der Trauer. Und schwarz färbten sich die Jünglinge, die zum erstenmal auf die Jagd oder den Kriegspfad gingen. Bemalte sich jedoch ein erwachsener Mann von Kopf bis Fuß mit schwarzer Farbe, so hatte er einen Mord im Sinn. Dieses Zeichen wurde von allen Stämmen verstanden.

Bei fast allen Indianerstämmen gab die *Gesichtsbemalung* Auskunft über den Rang und die Ruhmestaten des Bemalten. Die Farben wurden mit Fett vermischt und bildeten so gleichzeitig einen Schutz vor der Sonne. Bei den völlig nackten Indianern Südamerikas war die *Körperbemalung* auch eine Art Ersatz für die Kleidung. [...]

Die unzähligen Zeichen und Muster wurden mit Stempeln aus Ton aufgetragen. Manche Indianerstämme benutzten auch Federn, zerkautes Holz oder Haarbüschel von Tieren, um Linien und Kreise fein säuberlich zu ziehen. Jeder Punkt und jeder Strich hatte seine eigene Bedeutung. Bei den Sioux-Indianern zum Beispiel bedeutete eine über den Mund gemalte Hand: er hat einen Feind getötet.

1. Hinsetzen; 2. Ich will Handel treiben; 3. Ich weiß, wo Büffel sind; 4. Grüßen; 5. Töten; 6. Herkommen

DIE ZEICHENSPRACHE war für viele Indianerstämme die einzige Möglichkeit, sich untereinander zu verständigen. Denn die einzelnen Stämme hatten ganz verschiedene Sprachen. So gab es allein in Nordamerika mehrere hundert Sprachen und noch mehr *Dialekte.* Oft verstanden sich nicht einmal die Stämme, die nur wenige Kilometer voneinander entfernt wohnten. Ihnen blieb nichts anderes übrig, als sich mit den Händen auszudrücken. Diese eigenartigen Zeichen wurden fast überall in Nordamerika verstanden. So bedeutete zum Beispiel das Wort „Frau" in der *Zeichensprache,* wenn man sich mit gespreizten Fingern wie mit einem Kamm durch das Haar fuhr. Bei dem Wort „Tod" streckten die Indianer beide Hände wie abwehrend von sich. Und die „Bleichgesichter" wurden mit einer Bewegung beschrieben, die andeutete, daß man einen Hut auf dem Kopf trägt. Mit Hilfe der *Gebärdensprache* konnten die Indianer ganze Sätze und fortlaufende Reden ohne einen einzigen Laut übermitteln. Auf diese Weise schlossen fremde Indianerstämme sogar miteinander Verträge ab.

(Aus: Thiel, N.P./Anton, F., *Erklär mir die Indianer*)

1. Wozu dienten bei Indianern Zeichensprache und Bemalung?
2. Notiert, was Texte und Bilder darüber im einzelnen sagen.
   Erklärt das im Zusammenhang.
3. Verfaßt aus euren Notizen einen kurzen Text: „Wie haben die Indianer, ohne zu sprechen, Informationen gegeben?"
   Gebt auch Beispiele.

Lektion 21

Jagd
Vom Wurfholz zur Feuerwaffe
Jäger, Sammler und Fischfänger
Das Großwild der Prärie
Lebensweise
Vom Speisezettel der Indianer
Leder, Wolle und Federn
Zelte, Hütten und feste Häuser
Mit Stirnbinde und Hundeschlitten
Der Verkehr auf dem Wasser
Das Geschenk der Weißen
Felle gegen Glasperlen

Wissen
Die indianische Schule
Bilderschrift und Hieroglyphen
Kriegssitten
Die lautlose Nachricht
Raubzüge und Rache
Siegeszeichen und Kopfgeld
Der heilige Rauch
Bleichgesichter und Rothäute
Der ungleiche Kampf
Das traurige Ende

(Aus: Thiel, H.P./Anton, F., *Erklär mir die Indianer*)

1. Sucht euch aus dieser Übersicht ein Thema über Indianer, das ihr bearbeiten wollt. Besorgt euch dazu Informationsmaterial aus Sachbüchern und Nachschlagewerken.
2. Wo findet ihr in den Büchern die folgenden Verzeichnisse?
   – Was könnt ihr damit anfangen?
   – Wie arbeitet ihr damit?

Wörterverzeichnis

Bilderschrift   17, 20, 74, 75, 78
Bingham, Hiriam   26
Binsenboot   54, 55
Birkenrinden-Kanu   54, 55
Bison (Büffel)   6, 42, 43, 53
Blasrohr   32, 33, 36, 37
Bleichgesichter und Rothäute   92–95
Bohnen   44, 45

Bola   36, 37, 41
Bolivien   24
Boote   54, 55
Botokuden (Indianer)   30, 31, 32
Brandzeichen   57
Brasilien   30, 32, 92
Brombeere   44
Buchenrinden-Kanu   54, 55
Buffalo Bill (William Frederick Cody)   42

BÜFFEL   38, 39, 42–43, 92, 94
Büffelfell   42
Büffelfleisch   42, 44, 45
Büffelgras   90, 91
Büffelhaut   46, 66, 74, 80
Büffeljagd   6, 38, 42, 43
Büffelrobe   78
Büffeltanz   42, 70, 72

(Aus: Thiel, H.P./Anton, F. *Erklär mir die Indianer*)

Einleitung des Herausgebers:
Wir und die Indianer   7
Die ersten Amerikaner   9
Bonito, die Festung mit den 500 Räumen   13
Die großen Völkerfamilien der Indianer   15
Formen des Zusammenlebens   26
Der indianische Alltag   34
Zeichen, Malereien und Federn   46

Die Indianer und die Tiere   56
Die indianischen Häuptlinge   64
Die Indianerkriege   77
Riten und Glauben   106
Kunst und Handwerk der Indianer   112
Die Indianer heute   118
Kleines Lexikon der Indianerkunde von Frederik Hetmann   124

(Aus: Fronval, G./Hetmann, F., *Das große Buch der Indianer*)

3. Wertet euer Informationsmaterial in Stichworten aus.
   Stellt es zu einem kleinen Vortrag zusammen, und haltet ihn vor der Klasse.

Texte, die beeinflussen — Lektion 22

I

Hungrig in der Schule

Ein Pausenbrot wie die deutschen Kinder kennt Jorge nicht. Meist sitzt er hungrig in der Schule. Zwar haben die Kinder selbst einen Schulgarten angelegt, in dem Mais, Bananen und auch Zuckerrohr wachsen.

Aber das alles reicht nicht aus, um den Hunger von Jorge und seinen Freunden zu stillen. Deshalb ist es kein Wunder, wenn viele Indianerkinder oft krank sind.

Aber auch hier fehlt es an Medikamenten, Impfstoffen und Ärzten, um die kranken Kinder der Arhuaco-Indianer zu behandeln.

Aktion Schülerpatenschaft

Ihr könnt Jorge und seinen Freunden helfen. Und — ihr könnt noch viel mehr über die Arhuaco-Indianer erfahren! Macht mit bei unserer Aktion Schülerpatenschaft, die wir uns zusammen mit „terre des hommes"* überlegt haben.

Und so wird's gemacht: Jede Schule oder Klasse sammelt jeden Monat 15 Mark, die ihr an „terre des hommes" einbezahlt. Und von dort aus geht euer Geld an die Arhuaco-Indianer! Mit diesem Geld kann die Not der Indianer gelindert werden. Wie, erfahrt ihr dann von „terre des hommes".

* „terre des hommes" ist ein Verein, der notleidenden Kindern in aller Welt hilft

Wenn ihr helfen wollt, dann schneidet diesen Coupon aus und sendet ihn ausgefüllt an „terre des hommes". Dann erfahrt ihr mehr. Vielleicht helfen euch eure Lehrer oder Eltern dabei. Vergeßt nicht:

Kinder müssen zusammenhalten!

R. Jung/H. Kübler

Diesen Coupon bitte ausschneiden und ausgefüllt einsenden an:
terre des hommes
Postfach 4126
4500 Osnabrück

Ja, wir möchten den Arhuaco-Indianern helfen. Wir bitten um Zusendung von Material.

Name / Vorname
Straße / Nr.
PLZ / Wohnort
Schule / Klasse

(Aus: treff Schülermagazin)

1. Auch in diesem Text geht es um Indianer.
   – Zu welchem Zweck wurde er geschrieben?
   – An welchen Stellen erkennt ihr das?
2. Ihr wollt den Indianern helfen.
   – Überlegt, was ihr in eurer Klasse / an eurer Schule dafür unternehmen könnt."
   – Welche Hinweise dafür gibt euch die Anzeige?
3. Werbt für eure Indianerhilfe in einem Aushang.
   Wie wollt ihr euren Aufruf gestalten, so daß er auf eure Mitschüler wirkt?

II

Wir finden es nicht gut, daß die Tagesschau um 17.50 Uhr in der Kinderstunde gesendet wird. Unserer Meinung nach sollte die Tagesschau auf einen späteren Zeitpunkt verlegt werden. Und dafür sollte eine Kindertagesschau, wie sie am Anfang des Jahres gezeigt wurde, eingebaut werden. Man könnte die Kindertagesschau im Regionalprogramm ausstrahlen und zwei- bis dreimal in der Woche zeigen. [...] Wir möchten auch gern einmal wissen, was andere Kinder auf der Welt mitmachen müssen.

Fünfte Klasse OS Bremervörde

Es gibt viel zuviele Kindersendungen im deutschen Fernsehen: „Spielmobil", „Rappelkiste", „Uhlenbusch" ... Und wenn man einmal das Kinderprogramm am Samstag anschaut, merkt man, daß es dem Programm der Erwachsenen in der Vielfalt ziemlich nahe kommt. Für uns Jugendliche jedoch wird sehr wenig geboten. Kaum einmal kommt ein Film, der für Jugendliche gedreht wurde und ihre Probleme behandelt.

Joachim V., 16, Ehingen
(Aus: Siehste)

Lektion 22

1. Welches ist der Grund für diese Briefe?
   – Was wollen die Verfasser damit erreichen?
   – Welche Stellen machen das deutlich?
2. Welcher Leserbrief hat wohl mehr Erfolg?
   Begründet das.
3. Überlegt, worüber ihr in den Kindernachrichten gerne etwas erfahren möchtet.
   Verfaßt einen Brief an die Fernsehredaktion.
4. Vergleicht eure Entwürfe.
   – Welcher Brief könnte wohl am ehesten Erfolg haben?
   – Erarbeitet gemeinsam eine Endfassung.

III

Lektion 22

So richtig zum Spielen
Tiere für große und kleine Kinder

Hier unser Terrier "Foxi",
eines von über dreihundert Stofftieren
kuschelig weich, reißfest, schmutzabweisend
Dralon - in der Maschine bei 30° waschbar

LEA's Stofftiere --- zum Spielen für Ihre Kinder, nicht nur zum Angucken

▶▶ mit ihrem flauschig weichen Fell so richtig zum Anfassen und Liebhaben
▶▶ wecken durch ihren lebendigen Ausdruck Liebe und Zärtlichkeit
  zu unseren vierbeinigen Freunden
▶▶ vermitteln durch ihr naturgetreues Aussehen erste Kenntnisse über Tiere
▶▶ strapazierbar und beinahe unverwüstlich, da weitgehend von Hand hergestellt

LEA's Stofftiere erkennen Sie am roten Dreieck
LEA's Stofftiere erhalten Sie in Spielzeugfachgeschäften und Kaufhäusern

 **kindgerechte Stofftiere
von LEA's Stofftiermachern aus Schweden**

Gutschein
Ausschneiden und einsenden. Name/Vorname _____

Prompt und kostenlos Stadt/Ort _____
kommt der große
LEA-Farbkatalog. Straße/Hausnummer _____

1. Was wird mit diesen Anzeigen beabsichtigt?
2. Was sagen die beiden Anzeigen jeweils über das Spielzeug?
   – Welche Angaben haltet ihr für sachlich?
   – Welche erscheinen euch zweifelhaft?
     Warum werden sie trotzdem gemacht?
3. Was fällt euch an der Gestaltung der Anzeige auf?
   Welche Rolle spielen die sprachlichen Mittel, welche die Bilder und welche die Form der Schrift?
4. Welche Anzeige haltet ihr für glaubwürdiger?

Die Geschichte von „Oma"

Als Kinderroman hat die Geschichte von Peter Härtling 1976 einen Kinderbuchpreis bekommen. Hier könnt ihr „Oma" als Hörspiel erleben. Die berühmte Schauspielerin Lina Carstens und Marcus von Bock spielen darin die Hauptrollen. Es geht um Oma und Kalle, die alte Frau und ihren Enkel, die lernen, miteinander auszukommen. Kalle ist Waise, die Oma meint es gut mit ihm. Trotzdem gibt es manchmal Schwierigkeiten — und dabei doch viel Verständnis, große Zuneigung von beiden. Das Hörspiel ist ganz einfach, ohne Musik und Klamauk gemacht — so natürlich, als ob sie in der Wohnung nebenan passierte. (Für euch alle — und für Erwachsene auch!) U. B.

● **Erstes Naturbuch für Kinder.** Wie geht ihr am besten vor, wenn ihr eure Umwelt einigermaßen genau beobachten wollt? Das ist eine manchmal schon fast detektivische Aufgabe! Wie spannend es sein kann, erfahrt ihr in diesem Buch. Verschiedene Lebensräume – gar nicht so weit entfernt, manchmal sogar mitten in der Stadt – bieten Anlaß zu vielen Beobachtungen und Versuchen. Ihr könnt sie ohne Schwierigkeiten machen, wenn ihr nur genügend Interesse mitbringt. Da könnt ihr testen, wie gut Bienen Farben erkennen, könnt Früchte sammeln, Bäume unterscheiden lernen, verfolgen, wie sich aus Raupen Schmetterlinge entwickeln, könnt euch im Wald an Wild heranpirschen. Dieses Buch – mit vielen farbigen Abbildungen – regt euch bestimmt schon nach dem ersten Durchblättern an, mit offenen Augen durch die Natur zu gehen.

● **Boris und der Zauberfisch** hat Gina Ruck-Pauquet geschrieben (von der wir in treff Nr. 2/79 berichtet haben). Die merkwürdigen Ereignisse, die sie hier lustig und sehr lebendig beschreibt, werden den Kleineren unter euch Spaß machen: Denn zuerst könnte man denken, alle Einwohner des kleinen Ortes Melodie seien verrückt geworden – soviel komische Sachen passieren. Gibt es einen Zauberfisch, der nachts wunderbar singt? Wer läutet nachts die Kirchenglocken; wer ist bloß dieser geheimnisvolle Junge Boris? Manchmal glaubt man, daß dies alles nur Traum sei – aber dann merkt man, daß dahinter eine ganze Menge Alltag steckt. Die Autorin hat ihn ein bißchen märchenhafter gemacht als er normalerweise ist!

Lektion 22

● **Mensch, wär' das schön!** ist ein Buch mit Erzählungen von Achim Bröger. Zwei Kinder — Christa und Werner — erzählen darin, was sie tun, was sie denken, worüber sie sich freuen, wovor sie manchmal Angst haben, was so in der Familie nicht klappt, wie das mit den Freunden ist, wie Erwachsene oft sind, die Eltern, die Nachbarn ... Beim Lesen kann man sich vorstellen, daß hier nicht Buch-Figuren, sondern eine Freundin oder ein Freund von nebenan redet. So lebendig klingt das alles, und so normal hört es sich an. Da sieht Christa in der leeren Wohnung Gespenster, da ärgert sich Werner über den mütterlichen Befehlston ... Das ist ein Buch, das sich auch gut vorlesen läßt. Und das Eltern auch lesen sollten. Damit man in der Familie mal darüber reden kann, was im Buch (und im eigenen Leben) wichtig, schwierig oder selbstverständlich erscheint!

1. Worum geht es in diesen einzelnen Ankündigungen und Anzeigen?
   − Welche Unterschiede in Sprache und Aufmachung stellt ihr fest?
   − Versucht das zu erklären.

2. Untersucht die einzelnen Texte daraufhin, wie man versucht, euch anzusprechen. Unterscheidet dabei nach inhaltlichen Angaben und sprachlichen Mitteln.

3. Stellt ähnliche Texte zusammen, die sich an euch wenden.
   − Untersucht, welche Angaben sachlich und nachprüfbar, welche zweifelhaft und nicht nachprüfbar sind.
   − Wie wird jeweils versucht, durch Bild und Sprache auf die Leser zu wirken und sie zu beeinflussen?

Lektion 23 | Texte zum Spielen

1 Für den Elternabend will die 6 b die Geschichte „Eulenspiegel und der Bäcker" aufführen. Dazu müssen sie die Geschichte erst einmal umarbeiten.

So sah der Text im Buch aus (= Erzähltext):

Till arbeitete nun bei dem Bäcker. Doch am dritten Tag wollte sich der Meister früh am Abend schlafen legen.

Vielleicht wollte er auch in den Gasthof „Zum schwarzen Eber" gehen und kegeln. Jedenfalls sagte er zu Till: „Heute nacht mußt du allein backen. Ich komme erst morgen früh wieder herunter." – „Ist recht!" meinte Till. „Aber was soll ich denn backen?" – „Da hört sich ja Verschiedenes auf", rief der Meister. „Du bist ein Bäckergeselle und fragst mich, was du backen sollst? Meinetwegen Eulen und Meerkatzen." ...

Als er fort war, rührte Eulenspiegel den Teig an und buk von zehn Uhr abends bis drei Uhr früh tatsächlich lauter Eulen und Meerkatzen.

(Aus: Kästner, E., Till Eulenspiegel)

So hatte die 6 b ihn umgeschrieben (= Spieltext):

Bäcker: Ich glaube, heute gehe ich mal früh zu Bett. Aber vielleicht sehe ich vorher noch kurz im „Schwarzen Eber" rein. Da wird heute nämlich gekegelt.

Till: Machen Sie sich ruhig 'nen vergnügten Abend, Meister. Aber was ist mit der Backerei?

Bäcker: Na, du bist ja jetzt schon drei Tage hier. Da kennst du den Betrieb schon etwas. Heute nacht mußt du allein backen. Ich komme erst morgen früh wieder runter.

Till: Ist recht, aber was soll ich denn backen?

Bäcker: Da hört sich ja Verschiedenes auf. Du bist ein Bäckergeselle und fragst micht, was du backen sollst! Meinetwegen Eulen und Meerkatzen.

Till: Eulen und Meerkatzen? Das soll wohl ein Witz sein. Aber die kann er haben. Dessen Gesicht morgen früh möchte ich ja sehen.

Oh, mein Kreuz. Dauernd gebückt stehen und Teig kneten ... So, das wären die Eulen und das die Meerkatzen. Wenn ich euch so begucke, finde ich euch wirklich gut geraten. So und nun in den Backofen mit euch ...

Huaaah, jetzt gehe ich auch ins Bett. Gute Nacht, meine Viecher.

1. An welchen Stellen stimmen die Texte überein?
   – Was wurde bei der Bearbeitung geändert?
   – Versucht die Veränderungen zu erklären.

2. Spielt den Teil, in dem Eulenspiegel allein auf der Bühne ist.
   – Was könnte Eulenspiegel beim Sprechen alles tun?
   – Welche Textstellen geben darauf Hinweise?

3. Was könnte Eulenspiegel, während er allein auf der Bühne ist, außerdem noch sagen und tun?

4. Fügt Hinweise für die Handlung in den Spieltext ein.
   Arbeitet die ganze Szene entsprechend um.

   Till (richtet sich mühsam auf und hält sich den Rücken, stöhnt): Oh, mein Kreuz. Dauernd gebückt ...

Lektion 23

II

Das war die nächste Szene:
Als der Meister am Morgen hereintrat, dachte er, er käme in den Zoo. Überall lagen und standen knusprig gebackene Tiere. Und er sah sich vergeblich nach Broten, Brötchen und Semmeln um.
Da schlug er vor Wut mit der Faust auf den Tisch und rief:
5 „Was hast du denn da gebacken?"
„Das sehen Sie doch", sagte Till. „Eulen und Meerkatzen. Wie Sie's verlangt haben. Sind die Biester nicht ähnlich genug? Ich habe mir furchtbar viel Mühe gegeben."
Eulenspiegels Frechheit brachte den braven Mann vollends auf den Baum. Er packte ihn am Kragen, schüttelte ihn hin und her und brüllte: „Aus dem Hause. Aber sofort, du
10 Haderlump."
„Erst müssen Sie mich loslassen", sagte Till. „Sonst kann ich nicht weg." Der Meister ließ ihn los, und Till wollte schleunigst auf und davon. Doch da hielt ihn der Bäcker noch einmal fest. „Erst zahlst du mir den Teig, den du verhunzt hast."
„Nur, wenn ich die lieben Tierchen mitnehmen darf", erwiderte Eulenspiegel. „Wenn ich
15 den Teig, aus dem sie gebacken sind, bezahle, gehören sie mir."
Der Bäcker war einverstanden und nahm das Geld. Till aber verfrachtete seine Eulen und Meerkatzen in einen Tragkorb und zog damit ab.

(Aus: Kästner, E., Till Eulenspiegel)

1. Schreibt diesen Abschnitt in eine Spielszene um.
   – Was könnt ihr aus dem Erzähltext unverändert übernehmen?
   – Welche Teile des Erzähltextes müßt ihr in wörtliche Rede umschreiben?
2. Schreibt den Spieltext für die ganze Szene.
   – Was geschieht in der Szene?
   – Was geht in den beiden Personen vor?
3. Schreibt die Spielanweisungen dazu.
   Überprüft, ob sie zu dem Sprechtext passen, indem ihr die Szene spielt.
   Vielleicht müßt ihr auch den Sprechtext wieder ändern.

III

Und so endete die Geschichte
Am Nachmittag war auf dem Platz vor der Kirche großes Gedränge. Till Eulenspiegel stand mitten unter den Leuten, verkaufte seine Eulen und Meerkatzen Stück für Stück und verdiente großartig daran. Das sprach sich im Nu herum. Und als der Bäckermeister davon hörte, schloß er seinen Laden ab und rannte im Dauerlauf zur St. Nikolaus-Kirche
5 hin. „Der Kerl muß mir das Holz bezahlen, das er für das alberne Viehzeug verfeuert hat", rief er, während er durch die Gassen stürmte. „Und eine Benutzungsgebühr für den Backofen. Und einsperren lasse ich ihn außerdem!"
Doch als er auf dem Platz ankam, war Till Eulenspiegel schon über alle Berge. Er hatte seine Eulen und Meerkatzen restlos ausverkauft, und sogar den Korb, der dem Bäcker
10 gehörte, hatte er für einen Taler verkauft.
Und die Braunschweiger lachten noch jahrelang über den armen Bäckermeister.

(Aus: Kästner, E., Till Eulenspiegel)

Lektion 23

1. In wie viele Szenen würdet ihr den Text einteilen?
   – Was geschieht in den einzelnen Szenen, und wo spielen sie?
   – Welche Personen treten auf?
2. Entwerft den Spieltext für die Verkaufsszene.
   – Was könnten die einzelnen Sprecher sagen?
   – Entwerft dazu passende Spielanweisungen.
3. Wie soll der Bäcker von dem Verkauf der Eulen erfahren?
   Macht für diese Szene einen Entwurf.

Übung a

Für den Schluß wurde folgender Anfang entworfen.

Bäcker: Wo, wo ist der Lump? Wenn ich, wenn ich den erwische!
1. Bürger: Ei, Meister Bäcker, ihr habt's doch sonst nicht so eilig. Brennt's bei euch? Vielleicht mal wieder euer Brot?
Bäcker: He, laß mich los. Meinen neuen Gesellen suche ich.
2. Bürger: Habt ihr den nicht selbst mit euren Eulen und Meerkatzen zum Markt geschickt? Ich hab' selbst gleich ein paar für die Kinder gekauft, weil sie so lustig aussehen.
Bäcker: Ach, ich armer Mann. Reingelegt hat er mich ...

1. Entwerft den Rest der Szene mit den Spielanweisungen.
   Es treten weitere Bürger auf.
2. Überprüft die Szene, spielt sie, und achtet darauf, wie Text und Handlung zusammenpassen.

b

Sucht aus eurem Lesebuch eine kurze Erzählung heraus.

1. Teilt den Text in Handlungsabschnitte (= Szenen) ein.
2. Entwerft in Gruppen für die Szenen den Sprechtext und die Spielanweisungen.
3. Spielt das Ganze, und überarbeitet eure Entwürfe.

Sprache untersuchen

Satzverbindungen und Satzgefüge

Lektion 24

I

„Wer will seine Abenteuergeschichte vorlesen?" fragte Herr Neumann.
Uwe meldete sich und fing an:

„Im Zeltlager
Ich schlief ganz fest. Da weckte mich plötzlich ein Geräusch. Ich richtete mich auf. Ich blickte verwirrt um mich. Da war das Geräusch wieder. Schläfrig suchte ich nach meiner Taschenlampe. Ich fand sie aber nicht. Jetzt rüttelte ich Harry am Arm. Der murmelte
5 nur was vor sich hin. Dann drehte er sich auf die andere Seite. Im Nu war er wieder eingeschlafen.
Jetzt stand ich kurz entschlossen auf. Ich kroch zum Zelteingang. Vorsichtig guckte ich nach draußen. Da sah ich beim Küchenzelt eine Taschenlampe kurz aufblitzen. Ich starrte angestrengt in die Dunkelheit. Irgend etwas bewegte sich langsam auf mich zu. Ich
10 wollte gerade losschreien. Da fragte mich eine Stimme: „Was kriechst du denn hier rum?" Es war mein Gruppenleiter. Mir fiel ein Stein vom Herzen. Erleichtert kroch ich zurück in meinen Schlafsack. Bald war ich wieder eingeschlafen."

„Das ist ein spannender Aufsatz", sagte Herr Neumann. „Nur wirkt er an manchen Stellen etwas abgehackt."

1. Lest den Text laut. Welche Stellen meint Herr Neumann wohl?
2. Was könnte Uwe tun, damit sein Text glatter wird?
   – Schreibt eure Vorschläge auf.
   – Begründet, wo ihr es für besser haltet, Sätze zusammenzufassen, und wo nicht.

II

Diese Lösungen für die ersten beiden Sätze wurden vorgeschlagen:
Ich schlief ganz fest, da weckte mich plötzlich ein Geräusch.
Ich schlief ganz fest, als mich plötzlich ein Geräusch weckte.

1. Welcher Teilsatz kann auch jetzt noch für sich allein stehen (= Hauptsatz)?
   – Welcher Teilsatz kann jetzt nicht mehr für sich allein stehen (= abhängiger Satz)?
   – Wo steht jeweils das Prädikat im Hauptsatz und wo im abhängigen Satz?
2. Kennzeichnet in eurem Text die Hauptsätze durch eine gerade Linie (———) und die abhängigen Sätze durch eine Wellenlinie (∼∼∼).
   Ich schlief ganz fest, da weckte mich plötzlich ein Geräusch.
   Ich schlief ganz fest, als mich plötzlich ein Geräusch weckte.

Ein Gesamtsatz, der nur aus Hauptsätzen besteht, heißt Satzverbindung.
Ein Gesamtsatz, der aus Hauptsatz und abhängigem Satz besteht, heißt Satzgefüge.

Lektion 24

III

Das hat Markus geschrieben:

Kürzlich waren wir an den alten Baggersee gefahren, weil wir dort ein Floß bauen wollten. Hans hatte Nägel mitgenommen, und Achmed hatte eine Rolle starke Kordel bei sich. Weil an dem See viele Bretter herumlagen, hatten wir das Floß bald fertig. Wir paddelten gemütlich am Rand entlang, als wir im Schilf eine Ente mit ihren Jungen entdeckten. Sie schwammen schnell weg, aber ein kleines Entchen kam nicht mit.
Da wollte Stefan es packen. Er beugte sich über den Floßrand, das Floß senkte sich auf seiner Seite, und Stefan lag im Wasser. Das war die gerechte Strafe, denn er wollte das Entchen nicht in Ruhe lassen. Wir wollten aber Stefan noch etwas ärgern, deshalb paddelten wir schnell weg.
Plötzlich rief Stefan laut um Hilfe, aber wir nahmen das nicht ernst. Da schrie Stefan immer lauter. „Ich komme nicht weiter! Ich hänge fest!" Er schlug dabei wild um sich. Jetzt erkannten wir die Gefahr. Stefan kam nicht mehr los. Er hatte sich in den Seerosen verfangen. Wir paddelten schnell zurück, und Stefan kletterte aufs Floß.

1. Wie klingt dieser Aufsatz im Vergleich zu Uwes Geschichte?
   Wie unterscheiden sich beide im Satzbau?
2. Wo hat Markus kurze Sätze verwendet, und was wollte er dadurch erreichen?
3. Unterscheidet die übrigen Sätze nach Satzverbindungen und Satzgefügen.
   – Schreibt dazu den ersten Abschnitt nach Teilsätzen geordnet auf.
   – Kennzeichnet die Hauptsätze (———) und die abhängigen Sätze (∼∼∼).

   Kürzlich waren wir an den alten Baggersee gefahren,
   weil wir dort ein Floß bauen wollten.

4. Was läßt sich über die Kommasetzung sagen?

Übung

Jan stand vor dem Bärengehege. Er sah den Bären aufmerksam beim Spielen zu. Am liebsten hätte er sie gestreichelt. Er überlegte deshalb nicht lange. Unbemerkt stieg er über das Geländer. Unten blieb er einen Augenblick stehen. Er hatte ein bißchen Angst. Die Bären spielten aber ruhig weiter. Plötzlich wurde es Jan unheimlich. Ein kleinerer Bär kam auf ihn zugelaufen. Jetzt wurde die Bärin besorgt. Sie ging drohend auf Jan zu. Jan wich an die Mauer des Geheges zurück, aber die Bärin folgte ihm. Angst ergriff ihn, und er blickte hilflos um sich, aber als er sich umdrehte, sah er hinter sich den rettenden Ausweg: In die Mauer waren kleine Steigeisen eingelassen. Mit zwei Sätzen war er dort, und er kletterte in Windeseile hoch, aber die Bärin hatte sich aufgerichtet. Sie griff nach ihm. Als Jan ihre Tatzen schon an seinen Stiefeln spürte, zog er schnell die Füße hoch, und bevor ihn die Kräfte verließen, konnte er sich im letzten Augenblick über die Mauer ziehen. Er zitterte am ganzen Körper, aber er war gerettet.

1. Schreibt den ersten Abschnitt der Geschichte um.
   – An welchen Stellen sollte man Satzverbindungen oder Satzgefüge gebrauchen?
   – Vergleicht eure Lösungen, und überprüft die Kommasetzung.
2. Überarbeitet den zweiten Abschnitt.
   An welchen Stellen wäre es besser, die Gesamtsätze in Einzelsätze aufzuteilen?

Abhängige Sätze und Konjunktionen

Lektion 25

1. Was wird auf den einzelnen Bildern falsch gemacht? Was könnte passieren?
2. Schreibt zu jedem Bild in einem Hauptsatz auf, wie man sich im Verkehr verhalten soll.
   Man soll vor Betreten der Fahrbahn nach rechts und links sehen.
3. Gebt zu jeder Regel eine Erklärung.
   Fügt sie jeweils in einem abhängigen Satz dem Hauptsatz hinzu.
   Man soll vor Betreten der Fahrbahn nach rechts und links sehen, damit man nicht vor herankommende Fahrzeuge läuft.
4. Unterstreicht die Wörter, durch die der abhängige Satz mit dem Hauptsatz verbunden wird.
   Man nennt sie Bindewörter (=Konjunktionen).

Lektion 25

II Testfragen zum Verhalten im Verkehr

1. Man darf die Fahrbahn auch an nicht bezeichneten Stellen überqueren.	..., damit andere Verkehrsteilnehmer dadurch nicht behindert werden.
2. Das Freihändigfahren auf dem Fahrrad ist verboten.	..., bevor man die Fahrbahn betritt.
3. Man soll immer nach links und rechts blicken.	..., sobald der Bus anfährt.
4. Älteren und Behinderten soll man über die Straße helfen.	..., weil man sonst plötzlichen Hindernissen nicht schnell genug ausweichen kann.
5. Bei Rot darf man die Fahrbahn nicht überqueren.	..., damit die übrigen Verkehrsteilnehmer rechtzeitig gewarnt sind.
6. Beim Umspringen der Fußgängerampel auf Rot muß man die Fahrbahn schnellstens verlassen.	..., wenn der Verkehr dadurch nicht behindert wird.
7. Das Ändern der Fahrtrichtung ist durch Handzeichen vorher anzuzeigen.	..., weil sonst die an dem Zebrastreifen wartenden Fahrzeuge nicht anfahren können.
8. Die Fahrbahn ist möglichst auf dem Zebrastreifen oder an den Ampeln zu überqueren.	..., weil diese oft unsicher sind.
9. Auf dem Fahrrad dürfen keine sperrigen Lasten befördert werden.	..., falls man nicht zu weit davon entfernt ist.
10. Die Fahrgäste müssen sich im Bus einen festen Halt verschaffen.	..., da man sonst angefahren werden kann.

1. Sucht zu jeder Regel in der linken Spalte die passende Erklärung in der rechten Spalte. Fügt sie zu einem Satz zusammen, und schreibt ihn auf.
2. Schreibt die Wörter heraus, durch die die abhängigen Sätze mit dem Hauptsatz verbunden werden (= Konjunktion).
3. Probiert in den einzelnen Sätzen aus, ob ihr die Erklärung auch mit einer anderen Konjunktion an den Hauptsatz anschließen könnt.

Auf dem Fahrrad dürfen keine sperrigen Lasten befördert werden,   *damit andere Verkehrsteilnehmer dadurch nicht behindert werden.*

weil man sonst andere Verkehrsteilnehmer dadurch behindert.

III Moni und Ulla radeln zu ihrer Freundin Sabine.
Sie sind zur Geburtstagsfeier eingeladen.
Die beiden haben es sehr eilig.
Es ist schon spät.
Sie sind zehn Meter vor der Ampelkreuzung.
Da springt die Ampel gerade von Grün auf Gelb um.
Moni beschleunigt das Tempo.
Sie kommt gerade noch über die Kreuzung.
Ulla stoppt vor der Ampel.
Sie will keinen Unfall verursachen.
Hinter der Ampel muß Moni warten.
Ulla ist nicht nachgekommen.

Lektion 25

Moni hat die Kreuzung bei Gelb überquert.
Ulla schimpft mit ihr.
Du machst das nicht noch einmal.
Du kannst sonst allein weiterfahren.
Beide fahren schnell weiter.
Sie kommen rechtzeitig bei Sabine an.
Sie haben ihr Geschenk mehrmals eingewickelt und verschnürt.
Sabine muß lange auspacken.

1. Faßt die Satzpaare jeweils zu einem Satzgefüge zusammen.
   Unterstreicht die Hauptsätze (———) und die abhängigen Sätze (~~~~~).
2. Schreibt die Konjunktionen heraus, durch die ihr die Teilsätze verknüpft habt.
   Probiert aus, ob ihr in euren Sätzen auch andere Konjunktionen verwenden könnt.
3. An welcher Stelle stehen jeweils die abhängigen Sätze?

Die beiden haben es sehr eilig, da es schon spät ist.

                        abhängiger Satz = Nachsatz

Weil es schon spät ist, haben die beiden es sehr eilig.

abhängiger Satz = Vordersatz

Die beiden haben es, da es schon spät ist, sehr eilig.

                        abhängiger Satz =
                        Zwischensatz

Übung

Ulli macht mit seinen älteren Freunden seine erste Radtour an die Weser. Im Flußtal brauchen die Jungen sich nicht anzustrengen. Die Straßen sind völlig eben. Bei Hameln verlassen sie dann das Wesertal. Die Straße steigt langsam an.
Ulli muß ganz schön strampeln. Er will mit seinen Freunden mithalten. Er tritt kräftig in
5 die Pedale. Der Abstand zu seinen Freunden wird jedoch immer größer. Dann beugt er sich weit über den Lenker. So kann er schneller fahren. Endlich hat er mit Mühe die Höhe erreicht. Er muß jetzt erst einmal verschnaufen. Suchend blickt er sich nach seinen Freunden um. Die sind jedoch schon weit unten im Tal. Nun setzt Ulli sich auf eine Wiese. Er packt erst einmal seine Butterbrote aus.

1. Verfaßt aus den Einzelsätzen einen zusammenhängenden Text.
   Wo habt ihr Satzverbindungen und wo Satzgefüge gebraucht?
2. Probiert aus, ob ihr bei den abhängigen Sätzen auch andere Konjunktionen gebrauchen könntet.
3. Untersucht die Stellung eurer abhängigen Sätze.
   Probiert im Textzusammenhang aus, ob es besser klingt, wenn ihr die Stellung der abhängigen Sätze im Gesamtsatz verändert.
   Macht Vorschläge, was man besser machen könnte.
4. Arbeitet die Geschichte nach euren Vorschlägen aus.

Lektion 26 | Satzglieder

I

Beim bunten Abend machte die Klasse 6 auch ein lustiges Rätselspiel: „Tätigkeiten raten".

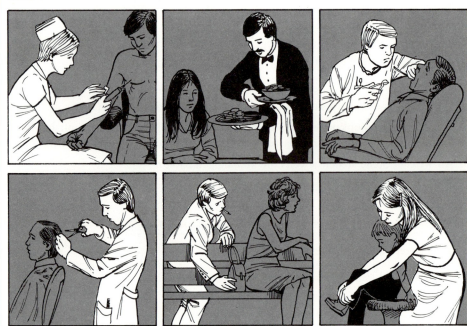

Welche Tätigkeit wollen die Schüler darstellen?
Schreibt das auf, und unterstreicht das Subjekt schwarz und das Prädikat rot.

Die Schwester / *gibt* / *dem Kranken* / *eine Spritze*.
Der Kellner / ... / ... / ...

II

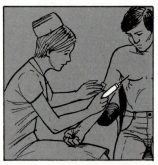 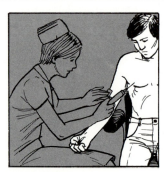

1. Was ist auf dem linken Bild weiß hervorgehoben?
   – Wie fragt ihr danach in eurem Satz?
   – Unterstreicht die entsprechende Stelle in euren Sätzen blau (———).

2. Wie fragt ihr nach der Person, die im rechten Bild weiß hervorgehoben ist?
   Unterstreicht diese Stelle in euren Sätzen jeweils blau (– – – – –).

Lektion 26

Toms Hobby
Alle vierzehn Tage reinigt Tom sein Aquarium.
Sein Freund Bernd hilft ihm.
Er bringt Tom eine Schüssel mit Wasser.
Mit dem Kescher holen sie die Goldfische aus dem Becken.
5 Tom tut die Fische vorsichtig in die Schüssel.
Nach dem Reinigen verteilen die beiden neuen Kies auf dem Boden.
Anschließend setzt Tom die Pflanzen ein.
Er will damit seinen Fischen eine natürliche Umgebung schaffen.
Danach füllt er das Becken mit frischem Wasser.
10 Bernd reicht ihm die Schüssel mit den Fischen.
Die Fische werden in das Becken gesetzt.
Zuletzt schüttet Tom ihnen etwas Futter in den Futterring.

1. Stellt für jeden Satz die Anzahl der Satzglieder fest, und zeichnet für jedes ein Kästchen.
   Alle vierzehn Tage / reinigt / Tom / sein Aquarium.

2. Bestimmt die Satzglieder, die ihr schon kennt, mit Hilfe der folgenden Übersicht.

Frage	Satzglied	Name	Zeichen im Satzschema
Wer oder was tut etwas?	Tom	Subjekt	
Was tut jemand? Was geschieht?	reinigt	Prädikat	
Wen oder was?	sein Aquarium	Ergänzung im Wenfall, Akkusativobjekt	
Wem?	ihm	Ergänzung im Wemfall, Dativobjekt	
Wo, wohin, woher?	aus dem Becken	Ortsangabe	O
(Seit/bis) wann, wie lange?	alle vierzehn Tage	Zeitangabe	Z

3. Kennzeichnet die Kästchen für die Satzglieder, die ihr bereits kennt (= Satzschema).

   Alle vierzehn Tage   reinigt   Tom   sein Aquarium.

Lektion 26

IV

Dirks Hobby

Seit einiger Zeit sammelt Dirk leidenschaftlich Briefmarken. Sein Vater bringt ihm jede Woche aus dem Büro ausländische Marken mit. Dirk erwartet ihn ungeduldig zu Hause. Seine Mutter schimpft ihn wegen seiner Sammelleidenschaft manchmal aus.
Mit einer Schere schneidet er die Marken vorsichtig aus. Dann legt er sie in lauwarmes Wasser. Die abgelösten Marken legt er zwischen weißes Löschpapier. Er beschwert sie zum Glattpressen mit einem dicken Buch. Zum Abheben der Marken benutzt Dirk eine Pinzette. Mit einer Lupe prüft er die Zähne. Anschließend schiebt er die trockenen Marken vorsichtig in das Album.
Wegen der Vielzahl von Marken sammelt Dirk nur Pflanzen- und Tiermotive. Einmal im Monat geht er zum Tauschen in seinen Briefmarkenclub.

1. Stellt die Anzahl der Satzglieder in den einzelnen Sätzen fest, und zeichnet für jeden Satz das Satzschema.
2. Kennzeichnet die Satzglieder, die ihr schon kennt.
3. Worüber geben die anderen Satzglieder Auskunft?
    – Wie müßt ihr nach ihnen fragen?
    – Orientiert euch dabei an der folgenden Übersicht.

Frage	Satzglied	Name	Zeichen im Satzschema
Auf welche Weise, wie?	leidenschaftlich	Angabe der Art und Weise	A
Warum, weshalb?	wegen seiner Sammelleidenschaft	Angabe des Grundes	G
Womit, wodurch?	mit einer Schere	Angabe des Mittels	M
Wozu, zu welchem Zweck?	zum Glattpressen	Angabe des Zwecks	Zw

Übung a

Ilses Hobby

Einmal in der Woche fährt Ilse mit dem Fahrrad zum Fohlenhof.
Der Reitlehrer holt gerade die Pferde von der Koppel.
Ilse rennt sofort zu ihrem Pferd.
Voller Freude legt sie ihm die Arme um den Hals.
Ihr Pferd reibt zutraulich den Kopf an ihrer Schulter.
Jetzt legt sie ihm den Sattel auf den Rücken.
Wegen der Größe des Pferdes muß der Reitlehrer ihr in den Sattel helfen.
Beruhigend klopft sie ihrem Pferd den Nacken.
Nach der Übungsstunde führt Ilse ihr Pferd in den Stall.
Mit einer Decke reibt sie ihm das Fell ab.

Lektion 26

Den schweren Sattel trägt ihr ein Junge in die Sattelkammer.
Dann holen die beiden frisches Stroh.
Gleichmäßig verteilt Ilse das Stroh mit einer Heugabel in der ganzen Box.
Zur Belohnung gibt sie dem Pferd ein Stück Zucker.

    Zeichnet für die Sätze das Satzschema.
    Bestimmt die Satzglieder, und kennzeichnet die Kästchen entsprechend.

---

b

Zuerst läßt Ilse ihr Pferd das Hindernis beschnuppern.
So hatte sie es in der Reitstunde gelernt.
Jetzt reitet sie an das Hindernis heran.
Aus Angst scheut das Pferd plötzlich.
5 Dann geht es an dem Hindernis vorbei.
Aus Ehrgeiz will Ilse nicht aufgeben.
Jetzt galoppiert ihr Pferd mit großen Sätzen auf das Hindernis zu.
Plötzlich bleibt es wegen der Höhe des Hindernisses mit einem Ruck stehen.
In hohem Bogen fliegt Ilse über die Stangen in den Sand.
10 Wegen des weichen Bodens ist ihr aber nichts bei dem Sturz passiert.

  1. Schreibt die Akkusativobjekte und Dativobjekte heraus.
  2. Schreibt aus den Texten A und B die Satzglieder auf, und ordnet sie nach
     Angabe des Ortes,
     Angabe der Zeit,
     Angabe der Art und Weise,
     Angabe des Grundes,
     Angabe des Mittels,
     Angabe des Zwecks.

c

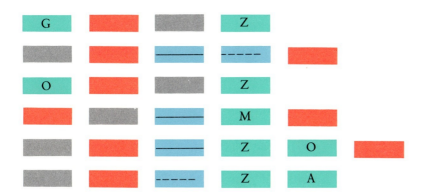

1. Bildet zu jedem Satzschema einen Satz.
   Überprüft eure Vorschläge gemeinsam.
2. Zeichnet selbst für einige Sätze das Satzschema, eure Mitschüler sollen es ausfüllen.

Lektion 27 | Attribute (= Beifügungen)

I

Aufgeregt kommt Frau Becker, deren Haus direkt an den Schulhof grenzt, zum Rektor der Schule.
„Also, so geht es nicht. Eben in der Pause hat doch schon wieder einer von ihren Schülern eine Coladose in unser Wohnzimmer geschmissen. Ich habe ihn ganz genau gesehen. Ein langer, dürrer Junge war es. Und einen rot-weißen Pullover hatte er an und ausgefranste Jeans. Richtig, jetzt fällt mir noch etwas ein. Der Schüler hatte auch eine Brille mit einem Horngestell." – „Das könnte der Ingo Krämer aus meiner Klasse gewesen sein", 5 entgegnet der Rektor. „Aber Ingo ist so ein vernünftiger und zurückhaltender Junge. Also, diese Flegelei paßt gar nicht zu einem Schüler mit so einwandfreiem Betragen. Aber ich werde mich auf jeden Fall einmal darum kümmern."

1. Wie reagiert der Rektor auf die Beschwerde von Frau Becker?
   Wie findet ihr sein Verhalten?
2. An welchen Stellen sagen die beiden Sprecher etwas über Ingo?
   Worüber sagt der Rektor etwas und worüber Frau Becker?
3. Schreibt diese Sätze heraus, und umrandet das Satzglied, das etwas über Ingo oder sein Aussehen sagt.
   Unterstreicht die Angaben, die dem Nomen zur genaueren Beschreibung beigefügt sind (= Attribut).

   (Ein <u>langer, dürrer</u> Junge) war es.

   Der Schüler hatte auch (eine Brille <u>mit einem Horngestell.</u>)

4. Lest den Text ohne Attribute vor.
   – Wie würde es sich auf das Gespräch auswirken, wenn die Attribute fehlten?
   – Welche Aufgabe erfüllen sie?
5. Schreibt die Attribute nach folgender Übersicht geordnet auf.
   Wie unterscheiden sie sich?

   a)

   b) Eine Brille
           ↑ |mit einem Horngestell|

II

Vom Rektor zur Rede gestellt, erklärt Ingo folgendes:
„Ich war in der großen Pause die ganze Zeit im Kartenraum. Ich bin nämlich für Peter aus der 6c eingesprungen. Der hat sich auf dem Weg zur Turnhalle den linken Fuß verstaucht. Wer meinen roten Pullover gehabt hat, weiß ich nicht. Ich habe ihn jedenfalls am Ende der Stunde in das Fach von meinem Tisch gelegt."

1. Schreibt alle Satzglieder mit einem Attribut heraus.
   Ordnet sie nach der Übersicht in Teil I, Aufgabe 5.

2. Sucht euch einen Partner in der Klasse.
   Beschreibt euch gegenseitig nach Aussehen und Verhalten.
   – Tauscht eure Texte aus, und sprecht über die Beschreibungen.
   – Ändert die Angaben, die nicht zutreffen.

Die 6a veranstaltet zum Schulfest eine Modenschau. Jeder hat sich etwas Besonderes einfallen lassen:

Birgit zeigt ein Abendkleid aus einer alten Gardine. Um die Taille trägt sie einen silbernen Ledergürtel. Schwierigkeiten hat sie allerdings mit den zu großen Stöckelschuhen.
Andreas trägt halblange Bermudas mit Punkten. Auf der Nase hat er eine Sonnenbrille mit Spiegelgläsern. Eine großkarierte Jacke, die er von seinem Vater geliehen hat,
5 vervollständigt seinen Anzug.
Erika, die die Kleinste in der Klasse ist, hat einen drolligen Einfall. Sie führt ein Modell für Kleinkinder vor. Eine hellblaue Bettjacke von ihrer Oma ist das Kleidchen. Von ihr hat sie auch die dazu passenden Bettschuhe. Besonders komisch wirkt ein riesiger Schnuller aus Pappe, den sie um den Hals trägt.

1. Welches von den drei Kostümen findet ihr am lustigsten?
   Welche Angaben zu den Kostümen werden gemacht?
2. Schreibt aus dem ersten Abschnitt die Satzglieder heraus, in denen von den Kostümen gesprochen wird.
   Unterstreicht das Attribut.
   Birgit zeigt ein Abendkleid aus einer alten Gardine.
3. Wie unterscheiden sich die Attribute in folgenden Beispielen?
   Birgit zeigt ein Abendkleid
                     aus einer alten Gardine.
   Birgit zeigt ein Abendkleid,
                     das aus einer alten Gardine besteht.
4. Versucht, die anderen Attribute im ersten Abschnitt auf dieselbe Weise umzuwandeln.
5. Schreibt die übrigen Attribute mit dem dazugehörigen Nomen auf.
   Ordnet sie nach der folgenden Übersicht.

vorangestelltes Attribut	nachgestelltes Attribut	Attributsatz
halblange Bermudas	Bermudas *mit Punkten*	eine Jacke, *die er von seinem Vater geliehen hat,*

Satzglieder können durch voran- oder nachgestellte Attribute (= Beifügungen) näher erklärt werden.
Die Attribute können Wörter, Wortgruppen oder abhängige Sätze (= Attributsätze) sein.

Lektion 27

Übung a

Für das Schulfest haben sich die Schüler der Klasse 6 eine kleine Szene aus der Schule ausgedacht. Die wortgewandte Silke spielt die Lehrerin. Sie trägt ein langes Kleid mit Spitzen. Dazu hat sie eine Hornbrille auf, die dicke Gläser hat. Die anderen, die die Schüler spielen, sitzen zuerst ganz brav auf ihren Plätzen. Sie führen eine Stunde aus dem Musikunterricht vor. Durch das Kichern, das unter den Zuschauern herrscht, wird Silke ganz verlegen. Sie fummelt an der Brille, die ihr immer von der Nase rutscht, herum. Schließlich stimmt sie ein Lied an, das alle singen sollen. Sie kommt aber nicht weit. Der alberne Theo aus der letzten Bank kräht immer laut dazwischen. Dazu zieht er fürchterliche Gesichter, die alle zum Lachen bringen.
Silke ist ratlos. Dicke Tränen kullern ihr über die Backen. Plötzlich rennt sie mit dem dicken Notenbuch unter dem Arm von der Bühne.

Schreibt alle Attribute mit dem dazugehörenden Nomen heraus.
Ordnet sie wie in der Übersicht III, Aufgabe 5.

b Überlegt euch selbst ein Kostüm für eine Modenschau bei einem Klassenfest.

1. Macht genaue Angaben, damit die anderen es sich deutlich vorstellen können.
2. Eure Mitschüler sollen feststellen, welche Angaben ihr durch Attribute und Attributsätze gemacht habt.

Lektion 28 Das Adjektiv als Satzglied

Der lange Ralf ist verzweifelt. Ratlos starrt er auf sein Mathematikheft. „Die Aufgabe schaffe ich nie", denkt er mutlos. Hilfesuchend blickt er zu dem dicken Ingo hinüber. Denn der hat Ralf schon oft bei den Hausarbeiten geholfen. Vorsichtig stößt Ralf ihn an. „Die dritte Aufgabe", flüstert er leise. Unschlüssig blickt Ingo zu Herrn Jansen hinüber. Der schaut gerade interessiert aus dem Fenster. Jetzt schiebt Ingo sein Heft langsam Ralf zu. Da dreht sich Herr Jansen plötzlich um. Er betrachtet Ingo mißtrauisch. Ingo ist verlegen. Schnell zieht er sein Heft wieder zurück. Für den Rest der Stunde behält der wachsame Herr Jansen die beiden im Auge.

1. Sprecht über diesen Vorfall.
2. Was erfahrt ihr über Ralf und sein Verhalten?
   Welche Wortart gibt dazu besondere Hinweise?
3. Führt im ersten Abschnitt die Umstellprobe durch.
   Wo ist das Adjektiv als Satzglied, wo ist es als Attribut gebraucht?

   Der lange Ralf   ist   verzweifelt.
   Verzweifelt   ist   der lange Ralf.

Lektion 28

„Du hast aber unkameradschaftlich gehandelt", wirft Ralf dem Ingo nach der Arbeit vor. „Ich bin nicht unkameradschaftlich, das weißt du genau", verteidigt sich Ingo. „So habe ich das ja auch nicht gesagt", entgegnet Ralf.

1. Was meint Ralf mit dem letzten Satz?
   – Vergleicht, was er dem Ingo vorwirft und was dieser antwortet.
   – Worin besteht der Unterschied?

Wie ist jemand? (= Teil des Prädikats)	Auf welche Weise tut jemand etwas/ verhält sich jemand? (= Artangabe)

2. Schreibt alle Adjektive, die Satzglied sind, zusammen mit Subjekt und Prädikat auf.

Wie ist jemand? (= Teil des Prädikats)	Auf welche Weise tut jemand etwas/ verhält sich jemand? (= Artangabe)
Der lange Ralf ist verzweifelt.	Er starrt ratlos ...

Übung

Jörg ist ein unangenehmer Kerl. Immer fängt er mit den schwächeren Schülern Streit an. Diesmal hat er sich den kleinen Oliver vorgenommen.
Jörg geht langsam zu Oliver. Dabei grinst er gemein. Dann stößt er ihn heftig gegen die Schulter. Oliver blickt ängstlich um sich. Er will schnell weglaufen, denn Jörg ist groß
5 und stark. Da kommt sein Freund Hans. Hans ist sehr sportlich und hat vor niemandem Angst. Entschlossen geht er auf Jörg zu und packt ihn fest am Arm. Jörg ist überrascht. Er reißt sich wütend los und verschwindet. Jetzt ist Oliver froh.

1. An welchen Stellen wird das Adjektiv als Attribut gebraucht?
   Schreibt es zusammen mit dem dazugehörenden Nomen auf.

   ein unangenehmer Kerl

2. Schreibt die Stellen heraus, an denen ein Adjektiv als Satzglied gebraucht wird.
   Ordnet sie mit Hilfe der folgenden Fragen.

Wie ist jemand?	Auf welche Weise tut jemand etwas/ verhält sich jemand?
Jörg ist groß und stark.	Jörg geht langsam.

Lektion 29 Zeitstufen – Zeitformen

I

Hallo, Heiner, hier Stefan. Wir haben heute morgen tatsächlich gegen die 6 a gewonnen. 4 : 3! Klasse, was? Damit hatte wirklich keiner gerechnet. Am Anfang sah es ja auch ziemlich mies aus, aber als das Spiel dann so richtig lief, da haben wir aufgedreht. Es war einfach Spitze! Du, ich habe sogar zwei Tore geschossen. Die von der 6 a waren natürlich sauer. Nächsten Samstag werden wir also gegen die Theodor-Litt-Schule spielen. Dann wirst du ja hoffentlich wieder dabei sein. Übrigens werde ich dann ins Tor gehen. Ich werde vorher aber noch ganz schön trainieren müssen. . . . Wie bitte? Ob ich jetzt zu dir kommen kann? Klar, heute brauche ich nicht zum Training, es regnet ja in Strömen. Ich bin zwar gerade an den Matheaufgaben, aber das dauert nicht lange. Die sind heute nämlich ziemlich leicht. Also tschüß, bis gleich.

1. In welcher Zeit ereignen sich die einzelnen Dinge, von denen Stephan berichtet?
   – Was geschieht gerade?
   – Was war schon geschehen?
   – Was wird noch geschehen?
2. Schreibt die Prädikate nach Zeiten geordnet auf.

Vergangenheit ← - - Gegenwart - - → Zukunft

| haben ... gewonnen | | |

II

Toni erzählt von dem Klassenspiel:

„. . . wir hatten schon eine halbe Stunde gespielt. Die Zuschauer langweilten sich, weil beide Mannschaften noch nichts gebracht hatten. Die Spieler wirkten ziemlich lahm. Nur einmal hatte es eine kleine Rempelei gegeben.

Lektion 29

Auf einmal kommt Christoph mit dem Ball durch, vorbei an Uwe und Michael. Ungefähr zehn Meter vor dem Tor stoppt er plötzlich ab, umspielt den linken Verteidiger und knallt das Leder haarscharf ins Tor.
Der Torwart hatte nicht aufgepaßt und hatte erst reagiert, als der Ball schon im Netz
5 hing. Von da an hat unsere Mannschaft toll gespielt, und wir haben schließlich gewonnen.
Nächste Woche wird das Rückspiel stattfinden. Hoffentlich werden wir wieder so viel Glück haben. Dann werden wir in die Endrunde kommen."

1. In welcher Zeit spielt das Geschehen?
   An welchen Stellen erkennt ihr das?
2. Welche Zeitformen werden für die einzelnen Zeiten gebraucht?
   Schreibt sie nach der Übersicht geordnet heraus.

Zeit	Zeitform	Bezeichnung
Gegenwart	ich spiele	Gegenwart (= Präsens)
Vergangenheit	ich spielte	1. Vergangenheit (= Präteritum)
	ich habe gespielt	2. Vergangenheit/vollendete Gegenwart (= Perfekt)
	ich hatte gespielt	3. Vergangenheit/vollendete Vergangenheit (= Plusquamperfekt)
Zukunft	ich werde spielen	

Hallo, Robert, ich habe meine Fußballschuhe verloren. Hast du sie vielleicht gesehen? – Nee, Jochen, ich bin doch gar nicht auf dem Sportplatz gewesen. Wann hast du sie denn zuletzt gehabt?
Nach der Turnstunde hatte ich sie unter meinen Tisch gelegt. Und dann war plötzlich
5 Jürgens Vater gekommen und hatte uns nach Hause gefahren. Ich hatte natürlich überhaupt nicht mehr an die Schuhe gedacht.
Und heute nachmittag vor dem Training habe ich sie dann vermißt. Da bin ich sofort zur Schule gerannt, aber ich habe sie nicht mehr gefunden. – Tut mir leid, Jochen, ich habe sie wirklich nicht gesehen. Ich war doch schon vor der Turnstunde nach Hause gegangen.

1. In welcher Zeit wird hier gesprochen?
2. Welche Zeitformen werden im ersten Abschnitt gebraucht?
   – Schreibt die Prädikate auf.
   – Wie unterscheiden sie sich?
     Ich <u>habe</u> ... verloren.
     Ich <u>bin</u> ... gewesen.
3. Führt dasselbe am zweiten Abschnitt durch.
4. Ordnet die Prädikate des dritten Abschnitts in eure Übersicht ein.

Lektion 29

IV Es ist zwei Minuten vor Ende der ersten Halbzeit. Immer noch steht es 0 : 0. Gerade legt Peter, der gefürchtete Torschütze der Forsthofschule, den Ball für einen Elfmeter zurecht. Wie gebannt starren alle auf ihn. Peter nimmt jetzt Anlauf, schießt. Stefan hechtet seitwärts in die linke Ecke, und tatsächlich – er hält den Ball. Die Schüler der Diesterweg-Schule jubeln und springen auf die Bänke. Da pfeift der Schiedsrichter Halbzeit. 5
Wer gewinnt nun dieses Spiel? Welche Mannschaft kommt in die Endrunde und erhält den Geldpreis der Stadt? Die Entscheidung darüber fällt in den nächsten fünfundvierzig Minuten. Wenn die Forsthofschule nun verliert, treffen sich beide Mannschaften nächste Woche wieder hier.

1. In welcher Zeitform steht dieser Text?
   Könnt ihr das aus der Art des Textes erklären?
2. An welchen Stellen könnt ihr auch eine andere Zeitform verwenden?
   – Probiert das aus, und schreibt den Text entsprechend um.
   – Welche Zeiten sind jetzt deutlich erkennbar?

V

1. Welcher Augenblick ist für den Witz wichtig?
   Liegt er in der Vergangenheit, der Gegenwart oder der Zukunft?
2. Schreibt die Geschichte zu dem Bild.
3. Wer hat besonders lustig erzählt?
   – In welcher Zeit habt ihr eure Geschichte geschrieben?
   – Welche Zeitformen habt ihr gebraucht?
4. Habt ihr die Zeit gewechselt?
   Was wolltet ihr dadurch erreichen?

Lektion 29

Übung a

Es waren einmal zwei Fußbälle. Die waren beide gleich alt. Aber der eine glänzte neu und sauber, der andere war abgeschabt und schmutzig. So glaubte der erste, etwas Besseres zu sein, spottete über den anderen und machte sich über sein Aussehen lustig.
Nachdem dieser sich die Sticheleien lange Zeit gleichmütig angehört hatte, sagte er ruhig: „Mit mir schießt man Tore. Du aber liegst nur faul herum, denn dir geht bei jeder Anstrengung die Luft aus."

1. In welcher Zeit spielt das Geschehen?
   Welche Zeitformen werden gebraucht?
2. Kennt ihr ähnliche Geschichten?
   – Wie werden sie genannt?
   – In welcher Zeitform werden sie meistens erzählt?

b

„Hallo Peter, was höre ich! Du fliegst nach Kreta?" – „Ja, wir haben schon gebucht. Am zweiten Ferientag geht es los. Wir bleiben drei Wochen. Ich freue mich schon unheimlich." – „Großartig! Fliegst du zum ersten Mal?" – „Ja, ich habe aber keine Angst." – „Was habt ihr denn alles geplant?" – „Zuerst bleiben wir zwei Tage in Athen.
5 Dann fliegen wir weiter zur Hauptstadt von Kreta." – „Mensch, hast du ein Glück. Wir fahren wieder in den Schwarzwald. Das haben wir zwar letztes Jahr auch schon getan, aber da kann ich wenigstens schwimmen und wandern. Also dann, tschüß und gute Reise."

1. Bestimmt die Zeitformen.
2. Was soll durch das Präsens an den einzelnen Stellen ausgedrückt werden?

c

1. Schreibt eine Geschichte zu der Zeichnung.
2. In welcher Zeit laßt ihr eure Geschichte spielen?
3. Welche Zeitformen habt ihr verwendet?
   – Habt ihr die Zeit gewechselt?
   – Was wolltet ihr dadurch jeweils ausdrücken?

Lektion 30

Infinitiv (Nennform) – Imperativ (Aufforderungsform)

1

Liebe Annette, liebe Rita,

hier habt Ihr das Rezept von den Knusperkindern, die euch auf meiner Geburtstagsfeier so gut gefallen haben. Das braucht Ihr: 250 g Mehl, 125 g Zucker, 125 g Butter, 1 Ei, Vanillezucker, 1 Prise Salz. Außerdem 1 Eßlöffel Kakao, 1 Eßlöffel Milch, etwas rote Lebensmittelfarbe, ein paar Nüsse und Rosinen.

Ihr schüttet das Mehl auf die Arbeitsfläche, dann drückt Ihr in die Mitte eine Mulde. Dort hinein gebt Ihr Zucker, Vanillezucker, Salz und Ei.

Ach, ich schneide es Euch aus, dann könnt Ihr es selbst aufschreiben. Schickt es mir sofort wieder zurück, meine Mutter sammelt die Rezepte nämlich. Viel Spaß beim Backen.

Viele Grüße
Eure Ursel

Mehl auf die Arbeitsfläche schütten. In die Mitte eine Mulde drücken. Zucker, Vanillezucker, Ei und Salz hineingeben. Die Butter in Flöckchen auf dem Mehlrand verteilen. Von außen nach innen einen glatten Mürbeteig kneten. In drei gleiche Teile teilen. Den einen Teil mit der Lebensmittelfarbe vermischen, den zweiten Teil mit Kakao verkneten. Den ganzen Teig eine halbe Stunde in den Kühlschrank legen.
Die Arbeitsfläche mit Mehl bestäuben. Die einzelnen Teigkugeln nacheinander dünn ausrollen und runde Formen ausstechen. Backblech einfetten. Plätzchen darauf legen und mit Rosinen und Nüssen als Augen und Mund verzieren. Backofen vorwärmen. Plätzchen bei 180° etwa zehn Minuten backen lassen.

Lektion 30

I

1. Vergleicht, wie Ursel die einzelnen Tätigkeiten angibt und wie sie im Backrezept stehen.
   Was wird in dem Backrezept nicht genannt?

Ursels Text	Backrezept
Ihr schüttet das Mehl auf die Arbeitsfläche.	*Mehl auf die Arbeitsfläche schütten.*

2. Schreibt den ersten Abschnitt des Backrezeptes so auf wie in Ursels Brief.
   Was habt ihr hinzugefügt?

> Die Verbform, die nur die Tätigkeiten nennt und nicht angibt, wer sie ausführt, heißt Nennform (= Infinitiv).
> Die Verbform, bei der eine Person mit angegeben wird, heißt Personalform.

II

Annette und Rita sind gerade dabei, das Rezept auszuprobieren.

Rita: Schütte erst mal das Mehl aufs Backbrett! So. Und nun mach die Mulde genau in die Mitte!

Annette: Reich mir doch mal bitte die Butter rüber. Bring auch gleich den Vanillezucker mit. Vergiß auch das Salz nicht.

1. Vergleicht, was Rita sagt, mit dem Backrezept.
   Warum benutzt sie eine andere Verbform?
2. Sucht weitere Stellen, wo jemand aufgefordert wird, etwas zu tun.

> Die Verbform, mit der man jemanden auffordert, etwas zu tun, nennt man Aufforderungsform (= Imperativ).

III

Vor jedem Ausrollen neues Mehl aufs Backbrett streuen – Den Teig gleichmäßig dick ausrollen – Die Rolle mit Mehl bestreuen – Zu weich gewordenen Teig in den Kühlschrank zurücklegen – Backblech gleichmäßig einfetten – Nüsse und Rosinen nicht zu tief in die Plätzchen drücken – Fertige Plätzchen sofort vom Blech abheben.

1. Die Mutter gibt den beiden einige Ratschläge.
   Schreibt auf, was sie sagen würde.
   Streut vor jedem Ausrollen neues Mehl auf das Backbrett.
2. Sie könnte es auch anders sagen.
   Probiert die verschiedenen Möglichkeiten aus.
   Man streut ...
   Vor jedem Ausrollen wird ... gestreut.
3. Wie unterscheidet sich jeweils die Aussage?
   Welche Formulierung würdet ihr wählen?

Lektion 30

Übung a

Wir rücken einen Tisch direkt vor eine weiße Wand. Wir nehmen einen alten Heftumschlag und bohren ein kleines Loch durch beide Hälften. Dann schneiden wir aus jeder Hälfte einen vierzackigen Stern in der Weise, daß der eine auf einer und der andere auf zwei Spitzen steht. Wir stellen in einiger Entfernung vom Heftumschlag zwei Kerzen auf. Wir achten darauf, daß sich die Dochte in gleicher Höhe mit dem Mittelpunkt der Sterne befinden. Wir verdunkeln nun das Zimmer. Dann zünden wir die Kerzen an und rücken sie so lange zurecht, bis auf der Wand hinter dem Umschlag ein Doppelstern aufleuchtet. Wenn wir vor den einen Stern ein blaues und den anderen ein rotes Papier halten, erscheint der Stern mit verschiedenfarbigen Strahlen. Die Mitte ist violett.

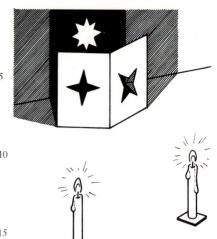

1. Formuliert die Versuchsanweisung um.
   Verwendet einmal den Infinitiv und einmal den Imperativ.
   Einen Tisch vor eine weiße Wand rücken.
   Rücke/Rückt einen Tisch vor eine weiße Wand.

2. Probiert andere Möglichkeiten aus, diese Versuchsanleitung zu formulieren.
   Man rückt einen Tisch vor eine weiße Wand.
   Ein Tisch wird vor eine weiße Wand gerückt.

b

Butterwaffeln

Zutaten: 125 g Butter, 250 g Mehl, 4 Eier, 1/4 l Milch, 1 Eßlöffel Zucker, 1 Prise Salz, abgeriebene Schale einer halben Zitrone, etwas Öl, etwas Puderzucker

Butter mit Zucker und Eigelb schaumig rühren. Abwechselnd Mehl und Milch zugeben. Mit Salz und abgeriebener Zitronenschale würzen. Eiweiß zu Schnee schlagen und unter den Teig heben. Waffeleisen leicht einfetten und erhitzen. Teig löffelweise darin backen. Mit Puderzucker bestäubte Waffeln heiß servieren.

Schreibt den Text in die Imperativform um.

Übertragene Ausdrücke und Redewendungen

Lektion 31

1. Ein sehr ungeschickter Mensch

2. Eine Geringfügigkeit

3. Die wahre Absicht erkennen lassen

4. Eine Sache energisch beginnen

1. Wie heißen die Redewendungen, die hier dargestellt werden?
   – Verwendet sie in einem kurzen Text.
   – Überprüft, ob ihr sie richtig verwendet habt.
2. Erklärt die folgenden Redewendungen, indem ihr sie in einem Satz gebraucht oder einen anderen Ausdruck dafür findet.

   Den Vogel abschießen   Jemandem einen Floh ins Ohr setzen
   Schlange stehen   Jemandem einen Bären aufbinden
   Auf den Hund kommen   Vor die Hunde gehen
   Einen Bock schießen   Einen Vogel haben

3. Sucht weitere übertragene Ausdrücke und Redewendungen, die mit Tieren zu tun haben.
   Eure Mitschüler sollen diese Redewendungen in einem Satz gebrauchen und durch andere Ausdrücke ersetzen.
   Ich bin mit dem Fahrrad gestürzt, aber ich habe Schwein gehabt (= Glück gehabt), denn mir ist nichts passiert.

Lektion 31

11

Und das sollten Sommerferien sein! Drei Tage lang hatte es Bindfäden geregnet, und ich hatte mich entsetzlich gemopst. Aber jetzt war das Hundewetter vorbei, und ich wollte mich mal richtig in der Sonne aalen. Deshalb ging ich zu Ingo und fragte ihn, ob er mit ins Schwimmbad käme. Er war Feuer und Flamme, und wir schossen gleich los.
Im Schwimmbad herrschte Hochbetrieb. Wir trafen noch einen ganzen Haufen aus unserer Klasse. Die machten gerade ein Wettspringen. Max hatte natürlich wieder mal 'nen großen Mund. Er will ja immer die erste Geige spielen. Das fuchst mich schon lange. Gerade meckerte er Reiner an: „Du Niete springst ja nicht mal vom Dreimeter-Brett." Da packte mich die Wut, und ich fuhr ihn an: „Gib bloß nicht so 'nen Streifen an, du Flasche. Du kannst es ja selbst erst seit 'ner Woche." – „Das ist doch nicht dein Bier!" brüllte er zurück. „Du hast wohl 'ne Meise! Was ich tue, geht dich 'nen Dreck an." Tja, und so war im Handumdrehen der Teufel los.

1. Schreibt die Stellen heraus, die in übertragener Bedeutung gebraucht werden.

2. Erklärt die Ausdrücke, indem ihr sie durch andere ersetzt.

3. Bei einigen der übertragenen Redensarten kann man erkennen, wie sie entstanden sind.
   Versucht eine Erklärung zu geben.
   Es regnet Bindfäden. = Es regnet so stark, daß man die einzelnen Regentropfen nicht mehr erkennt. Das Wasser fällt wie in Bindfäden herunter.

Übung

In einem Gasthof erzählte jemand seinen Freunden eine Geschichte von einem Jäger. Der war einmal auf der Jagd in Afrika in eine haarige Lage geraten. Und um ein Haar wäre er von einem Löwen mit Haut und Haar gefressen worden. Den Gästen standen bei seiner Geschichte die Haare zu Berge. Einer von ihnen, der überall ein Haar in der Suppe fand, wollte dem Erzähler haarscharf nachweisen, daß alles an den Haaren herbeigezogen war. Er ließ kein gutes Haar an ihm, und die beiden wären sich beinahe in die Haare geraten. Aber der gutmütige Wirt, der niemandem auch nur ein Härchen krümmen konnte, gab eine Runde Bier aus und meinte zu seinen Gästen, sie sollten sich wegen dieser Haarspalterei keine grauen Haare wachsen lassen. So wurde schließlich auch der Streitsüchtige, der wirklich Haare auf den Zähnen hatte, wieder friedlich. Und das war sein Glück, denn sonst hätte er vielleicht Haare lassen müssen.

1. Schreibt die Geschichte so um, daß ihr alle Stellen, an denen „Haar" in übertragener Bedeutung verwendet wird, durch andere Ausdrücke ersetzt.
   – Überprüft, ob alle die richtige Bedeutung gewußt haben.
   – Wer hat für die einzelnen Stellen den besten Veränderungsvorschlag gemacht?

2. Stellt in Gruppen Redewendungen zusammen, in denen die Wörter „Hand", „Fuß", „Nase", „Hals", „Ohren" oder andere Körperteile in übertragener Bedeutung verwendet werden.
   Gebraucht eure Beispiele in Sätzen, so daß die Bedeutung der Redewendung daran erkennbar wird.

3. Malt ein Bild zu einer übertragenen Redewendung.
   Eure Mitschüler sollen sie raten und durch andere Wendungen ersetzen.

Richtig schreiben

Groß- und Kleinschreibung

Lektion 32

1. Ein Wort kommt auf dem Bild zweimal vor.
   – Zu welcher Wortart gehört es?
   – Wie läßt sich die unterschiedliche Schreibweise erklären?

2. Schreibt den Text der folgenden Schilder in der üblichen Rechtschreibung.

   | Das Tragen von Schutzhelmen ist Pflicht. | Heute kostenloses Überprüfen der Lichtanlage. | Das Anfassen der Ware ist untersagt. |

   | Bei Rot hier anhalten. | Beim Abbiegen Vorfahrt beachten. | Offenes Feuer und Rauchen sind nicht gestattet. |

3. Erklärt, an welchen Stellen Verben als Nomen gebraucht werden, und sucht weitere ähnliche Hinweise.
   – Diktiert sie eurem Nachbarn.
   – Überprüft gemeinsam die Schreibweise.

4. Formuliert die Hinweise aus Aufgabe 2 und 3 so, daß die Verben nicht als Nomen gebraucht werden.

   Das Tragen von Schutzhelmen ist Pflicht.
   Es ist Pflicht, einen Schutzhelm zu tragen.

Lektion 32

II

Geheimnisvoller Besuch

Ich fuhr hoch. Irgend etwas hatte mich aufgeweckt. War es das Rauschen des Windes in den Bäumen, das Klopfen der Zweige an die Hauswand oder das Zuschlagen einer Gartentür? Ich horchte aufmerksam. In der Ferne hörte ich einen Zug vorbeirattern. Und von der Autobahn drang leises Brummen und Dröhnen zu mir herüber.
Gerade wollte ich mich wieder _udecken und zum _chlafen _inlegen, da war das Geräusch wieder da. Ein leises _lirren von Gläsern und dazwischen unregelmäßiges, ganz leichtes _appen. Ich wollte mich vorsichtig _ufrichten, da war das Geräusch verstummt. Dann begann es wieder. Ein gedämpftes _ochen, bald in dieser Ecke, bald in jener, gleich darauf ein zartes _nistern und kurzes _ascheln. Dann spürte ich es ganz langsam _äherkommen ...

1. Warum werden an einigen Stellen die Verben groß geschrieben?
   Schreibt den ersten Abschnitt als Diktat.

2. Schreibt den zweiten Abschnitt ab, und füllt die Lücken aus.
   Überprüft gemeinsam eure Ergebnisse.

3. Schreibt die Geschichte zu Ende.
   Versucht dabei auch, Verben als Nomen zu gebrauchen.

III

Nach (die Mannschaften aufstellen) hielt der Schulleiter eine Ansprache.
Vor (die Wurfbahnen markieren) mußten die Schüler der zehnten Klassen die Entfernungen noch einmal nachmessen.
Die Sportlehrer waren für (Leistungen richtig eintragen) verantwortlich.
Größere Schüler bemühten sich um (Sprungweite genau messen).
Ein Mädchen verletzte sich bei (auf der Aschenbahn fallen) den rechten Arm.
Bei (die Punkte auszählen) gab es für einige große Überraschungen.

Ergänzt die Sätze.
Gebraucht die Angaben in den Klammern einmal als Satzglied und einmal als abhängigen Satz.
Nach dem Aufstellen der Mannschaften ...
Nachdem die Mannschaften aufgestellt worden waren, ...

IV

Dumme und Ehrliche sollen nicht allein die Bußgelder zahlen.

In Zukunft Förderung nur für die Begabten und Fleißigen.

Theaterstück zeigt den Alltag von Alten und Einsamen.

Viele Hilfsbereite im Katastrophengebiet.

Die Rücksichtsvollen und Freundlichen hatten das Nachsehen.

Riesenschaukel lockt Wagemutige zum Überschlag.

Lektion 32

1. An welchen Stellen wird in den Schlagzeilen von Menschen gesprochen?
   – Welche Wortart wird hierfür verwendet?
   – Warum werden diese Wörter hier groß geschrieben?
2. Schreibt den folgenden Text ab, füllt dabei die Lücken aus.
   Welches ist die _este Klasse der Schule? Unsere natürlich. Bloß keiner hat das bisher gemerkt. Wo findet der _ngenehmste Unterricht statt? Bei uns, wenn wir freihaben. Wo ist es am _uhigsten? Bei uns, wenn die Klasse leersteht. In welcher Klasse sind die _reundlichsten, _ravsten und _egabtesten Schüler?
   Bei uns, sie müssen nur noch entdeckt werden. Erfreulicherweise sind wir nicht nur die _aulsten, sondern auch die _esten der Schule, denn wir sind die _ntelligentesten. Außerdem sind wir natürlich immer _ilfsbereit, _ameradschaftlich und _ustig. Das _edauerliche ist nur, daß unsere _ochbegabte, _odenlos _aule Superklasse eine reine Erfindung ist. Wir müssen nämlich ganz _chön arbeiten, um in der Schule _ut zu sein.

V

„Hast du schon die neue Ausgabe von der Sportzeitung gesehen?" – „Nein, die bringt sowieso nie was Vernünftiges. Und wenn sie dann schon mal etwas Neues bringt, dann ist es bestimmt nichts Gutes." – „Na, du übertreibst doch wohl. Zugegeben, viel Gescheites stand in der letzten Nummer nicht, aber mit gutem Willen kann man eigentlich immer
5 allerhand Interessantes finden." – „Vielleicht bin ich auch deswegen nur ungerecht, weil mein Verein in letzter Zeit so schlecht geworden ist. Selbst der beste Journalist könnte über den nur wenig Gutes berichten."

1. Schreibt alle Satzglieder mit Adjektiven so auf.

Kleinschreibung	Großschreibung
die *neue* Ausgabe	was *Vernünftiges*

2. Warum werden die Adjektive in der rechten Spalte groß geschrieben?
3. Schreibt den Text nach Diktat.

VI

Lieber Klaus Winter,
in Deinem Artikel hast Du Dich darüber beklagt, daß die jungen Leser Dir so selten schreiben. Hier hast Du also einen Brief. Ob Du Dich darüber freuen wirst? Denn ich werde Dir manches Unangenehme sagen. Aber vielleicht hilft Euch mein Brief, die
5 Zeitung besser zu machen. –
Habt Ihr Euch noch nie gefragt, warum ihr von uns so selten etwas hört? Das liegt doch an euch selbst und an Eurer Zeitung. Worüber schreibt Ihr denn? Meistens über Rocksänger und Popstars. Manchmal habt ihr auch Artikel über Mode und Kosmetik. Kannst du Dir nicht mal etwas für uns einfallen lassen? Tiergeschichten oder Rätsel oder
10 auch was zum Basteln. Dann hättet ihr bestimmt mehr Leser, die Euch auch schreiben.
Freundliche Grüße an Dich und deine Zeitung.
Dein Oliver Steinbach

Lektion 32

1. Welche Wörter im ersten Abschnitt beziehen sich auf den angesprochenen Redakteur? Welche Rechtschreibregel könnt ihr daraus ableiten?
2. Oliver hat auch „euch" groß geschrieben. Könnt ihr das erklären?
3. Er hat im zweiten Abschnitt sechsmal nicht aufgepaßt.
   Schreibt den Brief im Partnerdiktat, und verbessert die Fehler.
4. Schreibt den Antwortbrief des Redakteurs.
   a) Er bedankt sich bei Oliver für den Brief.
   b) Er erklärt, warum die Zeitung gerade über diese Themen berichtet.
   c) Er fordert ihn auf, ihm zu schreiben, was für ihn und seine Freunde interessant ist.
   d) Er verspricht, Olivers Vorschläge zu prüfen.

Übung a

Täglich gelangt das Neueste aus aller Welt sowie vielerlei Wissenswertes zu den großen Zeitungen. Das Auswählen und Weitergeben ist dann die Sache der Redakteure. Sie entscheiden, was das Wichtigste ist.
Viel interessanter ist natürlich der Beruf des Reporters. Beim Herumreisen lernt er die ganze Welt kennen. Er kann vieles Interessante aus nächster Nähe miterleben. Das macht   5
diesen Beruf für die Unternehmungslustigen unter den jungen Leuten so erstrebenswert.
(Partnerwechsel)
Zu den Aufgaben des Reporters gehört es dabeizusein, wenn etwas Ungewöhnliches geschieht. Die Jagd nach Spannendem und Aufregendem läßt seine Arbeit wie ein einziges Abenteuer erscheinen. Dabei wird aber leicht übersehen, daß er auch vieles   10
Schwere und Traurige miterleben und sich oft in gefährliche Situationen begeben muß.

1. Schreibt diesen Text als Partnerdiktat.
2. Überprüft die Großschreibung der Verben und Adjektive.

b

Das _chönste Feierabendvergnügen ist für mich das Zeitunglesen. Zuerst überfliege ich nur _chnell die Schlagzeilen, um mich über das _ichtigste zu orientieren. Wenn ich dabei aber auf etwas _nteressantes stoße, worüber ich _enaueres wissen möchte, dann lese ich gleich den _anzen Artikel. Natürlich entgeht mir beim _rsten Durchblättern manches _ichtige, denn nicht alles _issenswerte wird durch _roße Überschriften herausgehoben.   5
Deshalb entdecke ich bei _ründlicherem Lesen noch genug _eues, das für mich _nteressant ist. Die Seiten mit den Witzen und die Spalten „_rfundenes und _rlebtes" und „Allerlei _ustiges aus aller Welt" lese ich am _iebsten.

1. Schreibt den Abschnitt ab, und füllt die Lücken aus.
   Warum habt ihr an manchen Stellen die Adjektive groß geschrieben?
2. Schreibt Sätze auf, in denen Adjektive in Verbindung mit folgenden Mengenwörtern gebraucht werden, und diktiert die Sätze euren Mitschülern.
   ein bißchen · etwas · genug · manches · viel · wenig · nichts · alles · allerlei · sämtliches

Ähnlichklingende Vokale   Lektion 33

Liebe Tante Hilde,
vielen Dank für das Geld, das Du mir zum Geburtstag geschickt hast. Ich habe mich sehr darüber gefreut. Ich habe mir dafür einen Rennlenker gekauft, von dem ich die ganze Zeit geträumt habe. Heute waren wir auf der Artsburg. Meine Freunde und ich sind in dem alten Gemeuer (äu) herumgeklettert. Das war ganz schön geferlich.
Viele Grüße · Dein Uwe

Frau
H. Götte
Am Wald 7

4270 Dorsten

1. Welche Schwierigkeiten hat Uwe mit der Rechtschreibung?
2. An welche Rechtschreibhilfe hat er sich hier erinnert?
   Gemäuer – Mauer
   An welcher Stelle hätte er sie auch anwenden sollen?
3. Schreibt Uwes Karte als Diktat.
   Überprüft, ob ihr die Wörter mit „eu" richtig geschrieben habt.
4. Schreibt zu diesen Wörtern verwandte Wörter (= Wortfamilie) auf.
   Unterscheidet dabei nach
   Zusammensetzung = Wort, das aus zwei selbständigen Wörtern zusammengesetzt ist: (Mauer/Werk, Stein/Mauer)

   Ableitung =   Wort, das aus einem selbständigen Wort einer nicht selbständig vorkommenden Vor- oder Nachsilbe gebildet ist: (Ge/mäuer)

Stammwort	Zusammensetzung	Ableitung
freuen	mit-freuen	freu-dig, Freu-de, er-freuen

Lektion 33

11 Am n–chsten Tag macht Uwes Klasse einen Ausflug. Die Schüler machen in einer l–ndlichen Gastst–tte Rast. N–gierig untersuchen sie eine alte Sch–ne in der N–he. Dabei entd–cken sie im Dachstuhl ein N–st mit jungen –len. Plötzlich st–ht die B–erin im offenen Sch–nentor. –rgerlich ruft sie: „Kommt schl–nigst raus! Die Sch–ne ist bauf–llig." –ngstlich und verl–gen betrachten die Jungen das Gem–er, das an vielen 5 St–llen ganz brüchig ist. Das Abent–er h–tte verh–ngnisvoll –nden können.
Nach dem Mittagessen wollen sie in einem Wäldchen ein Geländespiel machen. Doch plötzlich erregt ein Vogelschrei ihre Aufmerksamkeit. Da! Ein grauer, storchartiger Vogel fliegt mit mächtigem Flügelschlag über die Bäume hinweg und läßt sich in einer Buche nieder. „Das ist ein Fischreiher. Die sind sehr selten geworden. Sicherlich hat er 10 hier in der Nähe seinen Horst", erklärt der Lehrer. Die Kinder arbeiten sich zwischen hohen Stämmen und dichten Sträuchern zu der Buche vor. Da erkennen sie in den Ästen der Krone das Nest des Fischreihers.

1. Schreibt den ersten Abschnitt ab, und füllt die Lücken aus.
   – Für welche Wörter findet ihr eine Rechtschreibhilfe?
   – Welche Buchstaben habt ihr dort eingesetzt?
   – Schreibt die Wörter so auf.

   nächsten – nahe

2. Schreibt den zweiten Abschnitt als Partnerdiktat.

3. Ordnet die Wörter mit „ä", „äu" und „eu" in eine Übersicht.
   Erweitert diese Liste.

4. Schreibt zu den Wörtern „Land", „klar", „fallen" Ableitungen und Zusammensetzungen auf.

Übung Auf dem Heimweg kommt Uwes Klasse durch ein kleines Städtchen. In einem der Häuser am Ortsrand ist Feuer ausgebrochen. Aus einigen Räumen quellen dicke Rauchwolken. Die Feuerwehr ist schon zur Stelle. Die Schläuche sind ausgerollt, und dicke Wasserstrahlen prasseln auf das Gebäude herunter, das in hellen Flammen steht. Plötzlich läuft eine Frau herbei und schreit fassungslos: „Mein Kind – es ist noch in der Wohnung!" …

1. Schreibt den Text im Partnerdiktat.
2. Wie könnte die Geschichte weitergehen?
   Entwerft einen Schluß.

Langgesprochene Vokale   Lektion 34

I

Der norwegische Staat wirbt mit bunten Plakaten für den Besuch seines schönen Landes, und für den Fremdenverkehr wird viel getan. So unternehmen zum Beispiel bequem eingerichtete Passagierschiffe vom Frühjahr bis in den späten Herbst zahlreiche Kreuzfahrten in die norwegischen Fjorde.
5 Wenn man sich mit dem Schiff der norwegischen Küste nähert, muß man zunächst durch ein Gewirr kahler Felseninseln fahren. Manche von ihnen sind sehr flach und werden bei Flut vom Meer überspült. Andere dagegen ragen hoch aus dem Wasser heraus. Einige sind nur von Moos und Flechten oder ganz niedrigem Buschwerk bewachsen.

1. Schreibt aus dem Text alle Wörter mit einem langgesprochenen Vokal heraus.
   - Ordnet sie dabei entsprechend der Übersicht.
   - Kennzeichnet die langgesprochenen Vokale mit einem Strich.

ohne Dehnungszeichen	mit Dehnungszeichen		
	doppelter Vokal	h	e hinter i
der _norwegisch_	_Staat_	_unternehmen_	_dieses_

2. Schreibt den Text im Partnerdiktat.
3. Verwendet folgende Wörter in Sätzen.

   Waage · Speer · Boot · Paar · Haar · Aal · Kaffee · Klee · Beere · Zoo · leer · Saal · Teer · Moor · Moos

4. Schreibt zu fünf von ihnen Zusammensetzungen und Ableitungen auf.

Stammwort	Zusammensetzung	Ableitung
Aal	_Räucheraal_ (Grundwort) _Aalfang_ (Bestimmungswort)	sich _aalen_

II

Viele bevorzugen jedoch für die Ferienreise mit der Familie ihren eigenen Wagen. Und so beginnt mit der Urlaubszeit bei uns alljährlich die Verkehrskatastrophe. Riesige Schlangen von Personenwagen, Wohnmobilen und Motorrädern kriechen über unsere Landstraßen und Autobahnen. Solange der Fahrer noch weiterkommt, macht es ihm
5 weniger aus, das Dröhnen und Knattern der Maschinen und den Mief des Benzins zu ertragen.
Aber was gesch–ht, wenn die Masch–ne versagt und man irgendwo festl–gt, wenn das Kontroll–ren der Pap–re bei den Grenzübergängen zu k–lometerlangen Staus führt? Natürlich ist so etwas lästig und ärgerlich. Doch solange nichts Schlimmeres pass–rt,
10 sollte man zufr–den sein.
Es b–ten sich jedoch für den Fahrer v–le Möglichkeiten, die Schw–rigkeiten der langen Fahrt zu erleichtern. Vitam–nreiche Früchte wie Apfels–nen, Mandar–nen oder eine

Lektion 34

Thermosflasche mit einem kühlen Getränk aus frischen Zitronen helfen –m und seiner Fam–lie, die Strapazen der Fahrt besser zu überstehen. Auch regelmäßige Pausen, bei denen alle ein bißchen sp–len und sich bewegen können, sind zu empfehlen.

1. Lest den ersten Abschnitt laut, und schreibt die Wörter mit langgesprochenem „i" entsprechend der Übersicht heraus.

ie	ih	i
viele	*ihren*	*Familie*

2. Schreibt den übrigen Text im Partnerdiktat.
   – Unterstreicht die Wörter mit langgesprochenem „i".
   – Tragt sie in eure Übersicht ein.

3. Bildet zu den untenstehenden Nomen die entsprechenden Verben.
   – Gebraucht sie in Sätzen, so daß ihre Bedeutung ersichtlich wird.
   – Findet selbst weitere Beispiele.

   Korrektur · Paß · Marsch · Operation · Marke · Regel · Probe · Telefon · Quittung · Transport · Blamage · Training · Musik · Kopie · Fotografie

   Korrektur – korrigieren

4. Bildet zu folgenden Verben die 3. Person Einzahl, und gebraucht sie in Sätzen.

   geschehen · sehen · empfehlen · stehlen · befehlen

   geschehen – Das gesch<u>ie</u>ht dir recht.

III

a)
```
        ho
  ma        pra
za  -(h)len  wä
  kü        jo
        ma
```
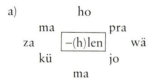

b)
```
        le
  fa        ernä
fü  -(h)ren  verme
  spa       bewa
        ke
```
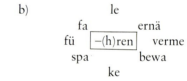

c)
```
        erwä
  krö         ma
tö   -(h)nen  gewö
  de         scho
        wo
```
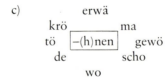

d)
```
        stö
  gä         anle
beto  -(h)nen  a
  pla        se
        lo
```

e)
```
        verze
  rü         gewä
stö  -(h)ren  spü
  hö         bo
        klä
```

1. Schreibt die Verben in den Kreisen auf.
2. Stellt zu jeweils einem Verb jedes Kreises Wortverwandte zusammen.

Verb	Zusammensetzung	Ableitung
dehnen	*ausdehnen*	*Dehnung*

Lektion 34

3. Verwendet die Verben von zwei Kreisen in Sätzen, diktiert sie eurem Nachbarn.

4. Ergänzt die folgenden Reimwörter, und verwendet zehn davon in Sätzen.

Ton: sch– · Telef– · H– · L– · M– · Thr–

Zone: Zitr– · B– · Kan– · Dr– · Kr– · Patr–

Poren: b– · schm– · geg– · gefr– · geb– · gesch– · Sp– · verl–

Trauerflor: T– · R– · Ch– · Mot– · Schweins– · emp–

5. Ergänzt die folgenden Lückenwörter mit „a" oder „ah".
Sucht zu den Lückenwörtern ein verwandtes Wort, und diktiert es eurem Nachbarn.
Wasserstr–l · Kr–n · Denkm–l · Tom–te · St–l · Erf–rung · Bestr–fung · Dromed–r · T–l · Pf–l · Dr–t · schm–l · Blumens–men · z–m · H–gel · Schokol–de · Pok–l · k–l · W–lfang · N–t · B–re · Schicks–l · Gran–te · Chor–l · unheilb–r · mühs–m · M–nung · W–rheit

Übung a

V–le Menschen benutzen –ren –rlaub, um sich zu erh–len und etwas f–r –re Gesundheit zu t–n. W–rend die einen in B–der oder zur K–r f–ren, z–hen andere es v–r, etwas zu untern–men. S– f–ren zum Klettern oder Sk–laufen in die Berge. Die Wanderfreunde dag–gen z–ht es m–r in die Wälder, in die Heide oder die ausged–nten M–rgeb–te mit
5 –rer v–lfältigen T–rwelt. Wer jedoch m–r das Wasser l–bt, wird ans M–r f–ren, auf irgendeine der Inseln in der Nords– oder an die Osts–. Manche aber treibt es in die Ferne. Oft müssen sie lange sparen, um sich eine so kostsp–lige Reise zu einem –rer Traumz–le leisten zu können.
Wer aber aktiv sein will, der entscheidet sich für einen Erlebnisurlaub. Beliebt und
10 lohnend sind die Safaris in die riesigen Wildparks in Afrika. Vom Nilpferd und Krokodil bis zum Löwen und Leoparden, vom Pavian und Gorilla bis zum Elefanten und Nashorn kann man auf diesen Fahrten alle Tiere sehen und fotografieren.

1. Schreibt den ersten Abschnitt ab, und füllt die Lücken aus.

2. Schreibt den Rest des Textes im Partnerdiktat.
Unterstreicht alle Silben mit langgesprochenem Vokal.

3. Sucht zu zehn von den Wörtern drei verwandte Wörter.
Unterscheidet nach Zusammensetzung und Ableitung.

b

grießen	nahen	aufblähen	zerhuhnen	zermoosern
jodelieren	uhren	drahteln	ehren	aufbahren
naseln	gelohnsen	zähmen	tornen	behügeln
strahlen	dehnen	moorpeln	grünen	erschubsern
banditern	auflehmern	gröhlern	bewahren	zahnen
einnehmen	kühlen	kahnen	dieben	anrohmern
mahlen	rühmen	bahnen	entkahlfen	fahren

1. Sucht die richtigen Verben heraus, und bildet damit Sätze.

2. In den Unsinnverben sind richtige Wörter enthalten. Schreibt sie auf.
grießen – Grieß

Lektion 35 | Doppelkonsonanten

I

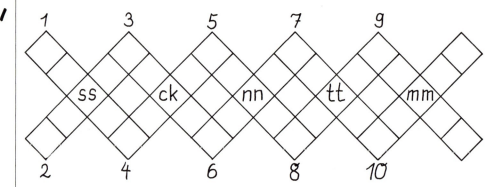

1. Tonnen (Plural)
2. bequeme Sitzgelegenheit
3. schmackhaft, wohlschmeckend
4. sich strecken, dehnen
5. Zahl, durch die eine andere geteilt wird
6. schnell laufen
7. Schlange
8. Nagetiere
9. Zahl, Ziffer
10. gegen etwas stoßen

1. Schreibt die Rätselwörter auf, und lest sie laut
   Wie wird der Vokal vor den zwei Konsonanten gesprochen?
2. Bildet damit Sätze, und diktiert sie einem Mitschüler.
3. Sucht zu den Rätselwörtern verwandte Wörter, und schreibt sie nach Wortarten getrennt auf.

Nomen	Verb	Adjektiv
Rammbock	rammen	–

II Allen Menschen im Hochgebirge ist bekannt, wie unberechenbar und voller Gefahren das Wetter dort sein kann. So kommt es nicht selten vor, daß sich mitten im Hochsommer völlig unerwartet und innerhalb kurzer Zeit dichte Wolken bilden. Und während unten im Tal alle noch in Sommerkleidung im hellen Sonnenschein spazierengehen oder sich im Schwimmbad sonnen, können oben schon die ersten Schneeflocken fallen.
Es ist besti–t kein Vergnügen, so viele Dinge auf den Gerö–ha–den und in den steilen Fe–swänden mitzuschle–en. Aber wehe dem Wa–derer, der sich leichtsi–ig am Morgen oder frühen Vormi–ag aufgemacht und sich nicht um die We–ervorhersage gekü–ert hat. Mit seinen dü–en So–ersachen stehen ihm jetzt ein paar schli–e Stu–den bevor, wenn es ihm nicht ba–d gelingt, eine Hü–e zu fi–den. Ma– sollte also, wenn ma– im Gebi–ge wandern oder sogar kle–ern will, sich genau erku–digen, wie das We–er wi–d. Auf jeden Fa– muß ma– einen warmen Wo–pullover, feste Kle–erschuhe und we–erfeste Kleidung bei sich haben, fa–s ma– in Regen- oder Schneewo–ken gerät. Es ist besti–t kein Vergnügen, so viele Dinge mitzuschl–en, de– auf den Gerö–ha–den und in den steilen Fe–swänden ko–t ma– ba–d ins Schwitzen.

1. Schreibt den ersten Abschnitt als Partnerdiktat.
   Unterstreicht die Wörter mit Doppelkonsonanten.
2. Schreibt zu diesen Wörtern Zusammensetzungen und Ableitungen auf.
3. Schreibt den Rest des Textes ab, und ergänzt die Lückenwörter.
   Ordnet sie danach, ob in die Lücke ein oder zwei Konsonanten gehören.
4. Stellt zu einigen Lückenwörtern die Wortfamilien zusammen, und ordnet sie nach Wortarten.

Nomen	Verb	Adjektiv
Bestimmung	*bestimmen*	*bestimmt*

Übung a

–imm–	–ann–	–ütt–	–app–	–arr–	–ebb–	–off–
–amm–	–inn–	–äll–	–epp–	–arr–	–abb–	–aff–
–umm–	–enn–	–ell–	–app–	–arr–	–obb–	–uff–
–emm–	–onn–	–all–	–ipp–	–urr–	–ubb–	–iff–

Stellt Wörter zusammen, in denen diese Doppelkonsonanten enthalten sind.
Ordnet sie nach den Wortarten Nomen, Verb, Adjektiv.
Wer die meisten Wörter gefunden hat, ist Sieger.

Es ha–e ein schre–liches Gewi–er gegeben. Es ha–e geschü–et, was vom Hi–el he–unterwo–te. Und auch jetzt noch ko–te ma– das Ro–en des Do–ers in der Fe–ne hören. Aber Go– sei Dank, das Schli–ste war übersta–den. Die So–e war gerade wieder durch die Wo–ken gebrochen, und nur noch vereinzelt fielen di–e Tropfen
5 von den Blä–ern und Ästen.
Ich sta–d im Wohnzi–er und bli–te aus dem o–enen Fe–ster in den Garten. Plötzlich me–kte ich eine leichte Bewegung zwischen den So–enblumen. Die Ste–gel der Ne–ken wurden zur Seite gedrü–t, und dann erka–te ich es: ein ganz junges, schwarzweiß gefle–tes Kätzchen.
10 Es schnappte nach den herunterfallenden Wassertropfen. Dabei rollte es sich auf den Rücken, dann leckte es sich wieder trocken. Gerade hatte es sich in der Sonne ausgestreckt, da kullerte ihm ein dicker Tropfen mitten auf die Nase. Verblüfft zuckte das Kätzchen zusammen und blickte um sich.
Dabei entdeckte es eine junge Amsel, die unbekümmert auf dem Rasen herumtrippelte
15 und hier und dort etwas aufpickte. Das Kätzchen duckte sich. Es lag ganz still. Nur die Schwanzspitze zuckte ein bißchen. Immer näher hüpfte die Amsel. Jetzt war sie nur noch knapp einen Meter von dem Kätzchen entfernt ...

1. Schreibt den ersten und zweiten Abschnitt ab, und ergänzt die Lückenwörter.
2. Schreibt den dritten und vierten Abschnitt als Partnerdiktat.
3. Schreibt diese Geschichte zu Ende.
   – Diktiert sie einem Mitschüler.
   – Überprüft die Schreibweise der Wörter mit Doppelkonsonanten und „ck".

Lektion 36 | Konsonanten im Auslaut

I

Nimmt man ein Buch aus einem Bücherbor–, dann wir– man häufi– erstaun– feststellen, daß die Finger schmutzi– geworden sin–. Auf dem Buch sieht man deu–li– Spuren von Stau–. Das erle–t man sel–st in den gepfle–testen und reinli–sten Häusern. Ma– die Hausfrau auch noch so sor–fälti– die ganze Wohnung gereini–t und gesau–t haben, sobal– sie mit ihrer Arbei– ferti– ist, le–t sich wieder unmer–li– ein Schleier von kleinsten 5
Teilchen über alles.
Sie kann diese Ta–sache en–weder wu–entbrannt oder lachen– feststellen, das Erge–nis blei–t dasselbe. Ein weni– Stau– genü–t berei–s, und die reizen–ste Dame begi–t sich, wi– um sich blicken–, mit Bürste und Tuch auf den Krie–spfa–.

1. Schreibt den Text ab, und füllt die Lücken aus.
   – Setzt b oder p, d oder t, ch, g oder k ein.
   – Fügt jeweils ein Beispiel für eine Rechtschreibhilfe hinzu.

   *Bücherbord: Bücherbor_de_   wird: wer_den_*

2. Stellt zu fünf Wörtern die Wortfamilie zusammen, und ordnet sie nach Wortarten.

Nomen	Verb	Adjektiv
Staub:	*stauben:*	*staubig:*
*Staub_lappen_*	*be_stäuben_*	*staub_frei_*

II

Staub besteht weitgehen– aus unen–lich fein gemahlenen Sandteilchen, die im Laufe en–loser Zeiträume von Wind und Wasser zerrieben wurden. Er setzt sich damit aus denselben Bestandteilen zusammen wie das gewaltigste Bergmassiv. Das einzelne Staubteilchen ist so unglaublich leicht, daß es in der Luft schwebt und nur bei völliger Windstille ganz langsam herabsinkt. So kommt es, daß der Wind es in niemals endender 5
Reise um unsere Erde treibt. Wissenschaftler en–deckten z. B. in den Proben, die sie der Eisoberfläche der Arktis en–nommen hatten, Wüstensand aus der Sahara. Wie war er in diese en–legene Gegend gekommen? En–lich gelang den Fachleuten der Nachweis. Der Sand wird durch Stürme in große Höhen hinaufgetragen und dann vom Wind in die en–ferntesten Gegenden der Erde getragen. 10

1. Schreibt den Text ab, und ergänzt die Lückenwörter.
   Bei welchen Wörtern findet ihr eine Erklärung für die Schreibweise?
2. Schreibt die Wortfamilie von „Ende" auf, und ordnet sie nach Wortarten.
3. Sammelt Verben mit der Vorsilbe „ent-", und gebraucht sie in Sätzen.
   – Vergleicht die zusammengesetzten Verben mit dem einfachen Verb.
   – Welche Bedeutung hat die Vorsilbe „ent-" oft?

   nehmen – entnehmen
   kleiden – entkleiden

Lektion 36

Übung a

SCHRÄG	– KORB	LOB	– FLUG
STRAND	– STAND	BERG	– TAG
RAD	– TUCH	SAND	– LIED
HAND	– STRICH	WERK	– WALD
SPRUNG	– WEG	RUND	– BANK

1. Bildet aus beiden Wortblöcken Zusammensetzungen, und verwendet sie in Sätzen.
   Schrägstrich
2. Bildet zu 10 von den Nomen Zusammensetzungen.
   Gebt an, ob das Nomen Bestimmungswort oder Grundwort ist.

Bestimmungswort	Grundwort
*Schlag*zeug	Über*schlag*

b

Die hier abgebildeten Felsformen sind von Wind und Sand geschaffen. Über unendliche Zeiten hinweg hat der Wind den Flugsand gegen eine Bergwand getrieben und wie ein Sandstrahlgebläse daran genagt. Dabei trägt er zunächst die weicheren Gesteinsschichten ab, so daß sich allmählich Formen bilden, die uns durch ihre Einmaligkeit, Ungewöhn-
5 lichkeit und Schönheit entzücken.
Doch nicht nur die Formen, bal– scharfkanti– und ecki–, bal– run– und glattgeschliffen, setzen durch ihre Vielfal– den Betrachter in Erstaunen. Er kann sich auch dem Zauber der Farben nicht en–ziehen. Gel–liche, rö–liche, er–farbene, gelegen–lich grüne Töne bieten ein unglau–lich fesselndes Schauspiel, dem man sich gern stundenlan– hingi–t. Besonders
10 beeindrucken– ist das Far–spiel im Aben–licht. Man en–deckt in den von Licht und Schatten bele–ten Felswänden, wie hier ein Gesicht herausra–t, dort eine Gestal– eine Han– emporhe–t. Wer zu sehen verma–, spürt, wie der tote Stein plötzlich le–t.

1. Schreibt den ersten Abschnitt im Partnerdiktat.
2. Schreibt den zweiten Abschnitt ab, und füllt die Lücken aus.
   Gebt bei den Lückenwörtern die Rechtschreibhilfe an.
3. Was habt ihr in Text II über Sand und Staub erfahren?
   Schreibt das in einigen Sätzen auf.

Lektion 37 — F-Laute

I

Der Klassenlehrer der 6a hatte seinen Schülern versprochen, nach Pfingsten in den Zoo zu fahren. Heute ist es nun soweit, und die Klasse fährt früh am Morgen los. Während der Lehrer die Eintrittskarten löst, kaufen die Kinder an einem Obststand Bananen und Pflaumen, Äpfel und Pfirsiche und noch verschiedenes anderes Obst. Schon von draußen kann man das Kreischen der Pfauen und das Zwitschern, Pfeifen und Krächzen der vielen Vögel hören. Denn das Vogelfreigehege und die Flugkäfige für die Raubvögel sind nahe beim Eingang. Man will gerade hineingehen, da läuft Silvie, die einen Photoapparat mitgebracht hat, schnell noch einmal fort, um sich einen Film zu besorgen.

1. Lest den Text laut, und schreibt die Wörter, in denen ein F-Laut vorkommt, nach der folgenden Tabelle geordnet auf.

f	v	ph	pf
fahren	_versprochen_	_Photoapparat_	_Pfingsten_

2. Lest die erste und die vierte Spalte laut. Welche Rechtschreibhilfe gibt es für die Wörter, die mit „pf" beginnen?

3. Mit welchen der folgenden Verben könnt ihr die Vorsilben „ver-", „vor-" und „fort-" verbinden?
   folgen · suchen · hindern · hören · sprechen · schicken · brauchen · sagen · treiben · nehmen · jagen · fahren · messen

4. Sucht zu diesen Verben verwandte Nomen, und diktiert sie eurem Nachbarn.
   verfolgen – _Verfolgung_

II

Die Klasse 6a hatte den Vogelteich verlassen, und die einzelnen Gruppen wollten auf eigene Faust losziehen. Die einen wollten zu den Elefanten, Nashörnern und Nilpferden. Die anderen interessierten sich mehr für die Giraffen, Wildpferde, Zebras und Antilopen. Wieder andere waren von den Affen nicht fortzubringen. Besonders die große Pavianfamilie mit den vielen Kleinen hatte es ihnen angetan. Drei, vier Schüler wiederum waren ganz versessen darauf, die Fütterung der Löwen, Leoparden, Tiger und Panther im Raubtierhaus zu beobachten. Zuerst wurde aber eine kleine Pause gemacht. Die Kinder setzten sich neben das ovale Seehundbecken und verzehrten den Proviant, den sie mitgebracht hatten. Dann durften sie drei Viertelstunden für sich allein losziehen. Anschließend wollte man sich an der großen Steinvase zur Delphinschau treffen.

1. Tragt die Wörter mit einem F-Laut in eure Liste aus Teil I, Aufgabe 1, ein. Sprecht sie vorher laut aus.

2. Welche mit „v" geschriebenen Wörter habt ihr nicht in eure Übersicht aufgenommen? Begründet eure Entscheidung, und schreibt diese Wörter gesondert auf.

3. Lest die folgenden Wörter laut vor.
   – Wie wird das „v" jeweils ausgesprochen?
   – Schreibt die Wörter nach der Aussprache des „v" getrennt auf.

Lektion 37

Veilchen	aktiv	Vulkan	Ventil	Vater
Provinz	Vieh	verlaufen	Veranda	Advent
viel	Vitamin	Verein	Vase	Vetter
brav	Olive	Sklave	Viereck	Konserve
„v" wie „f" gesprochen		„v" wie „w" gesprochen		

4. Schreibt den Text im Partnerdiktat
5. Setzt in die folgenden Lückenwörter „v" oder „f" ein.
   —erb—orm · —ußball—erein · —asan · Sehner— · Schla—pul—er · —erandatür · Kla—ierstunde

—lanzen	—lasche	—ormel	—ahl
—ahrt	—ütze	—eile	—und
—orte	—liege	—ad	—licht
—eife	—effer	—lug	—and
—ertig	—aden	—anne	—erd

Übung a

1. Welche Wörter könnt ihr hier bilden?
   – Sprecht sie deutlich aus, und schreibt sie auf.
   – Wie viele Doppellösungen habt ihr gefunden?
2. Gebraucht die Wörter mit „pf" als Bestimmungswort in Zusammensetzungen.
   Bildet mit diesen Zusammensetzungen Sätze, und diktiert sie eurem Nachbarn.

Die Del—inschau war —orüber. Selbst Frank, der sich bei den —ohlen im Tierkinderzoo —ertrödelt hatte, hatte sich wieder einge—unden. —om —ielen Sehen und Herumwandern waren die meisten ziemlich —ertig. Trotzdem waren sie recht —ergnügt und erzählten sich —on den —erschiedenen Tieren, die sie in den Kä—igen und —reigehegen gesehen hatten.
5 Während sie in der Ca—eteria ein Eis aßen, tele—onierte ihr Lehrer mit dem —örtner am Zooeingang, um zu er—ahren, wann der nächste Bus zurück—ühre. Er wurde ner—ös, als er er—uhr, daß sie nur noch eine —iertelstunde Zeit hatten. Schnell bezahlten alle, was sie —erzehrt hatten, und gingen dann rasch zum Ausgang.

b

1. Schreibt den Text ab, und füllt die Lücken aus.
2. Stellt Tiernamen zusammen, die mit „f", „pf" oder „v" beginnen.
   Diktiert sie einem Mitschüler.
3. Schreibt einen kleinen Bericht über einen Zoobesuch.

Lektion 38 | Ks-Laute

I

Familie Bergmann sitzt am Mittagstisch. „Wie du wieder über deinem Teller hängst", meint die Mutter vorwurfsvoll zu Oliver. „Genau, du liegst halb auf meinem Platz", mischt sich Tanja ein. „Hab dich bloß nicht", mault Oliver. „Du rückst jetzt zur Seite, Oliver", entscheidet die Mutter. Oliver blickt Tanja wütend an. Dann boxt er sie unterm Tisch. Tanja macht mit ihrer Suppe einen großen Klecks auf das frische Tischtuch. „Das 5 hast du extra gemacht", fährt sie ihn an. „Du benimmst dich wie die Axt im Wald." Jetzt explodiert auch der Vater. „Mir ist schon längst aufgefallen, Oliver, daß du dauernd die Tanja neckst. Wenn das noch einmal passiert, fliegst du raus und kannst in der Küche essen. Meint ihr, Mutter könnte jeden Tag das Tischtuch wechseln? Ich hoffe, du merkst dir das für die Zukunft." 10

1. Lest den Text laut.
   – Wie werden die unterstrichenen Stellen jeweils ausgesprochen?
   – Welche unterschiedlichen Schreibweisen könnt ihr feststellen?
2. Schreibt diese Wörter heraus, und ordnet sie nach der folgenden Übersicht.

chs	cks	gs	ks	x

gucken	mögen	sinken	bringen
betrügen	lügen	fragen	drücken
denken	tanken	klagen	hacken
bücken	sagen	singen	packen

Bildet zu diesen Verben die 2. Person Einzahl, und verwendet sie in einem Satz.
Du guckst Löcher in die Luft.

Übung

Als Tanja und Oliver draußen im Garten sind, geht der Streit weiter. „Wenn du mich nochmal reinle–t", droht Oliver, „dann krie–t du Dresche." – „Ach, du Kleiner", spottet Tanja, „da mußt du erst noch ein bißchen wa–en. Du wa–t ja gar nicht, mich anzufassen." – „Den–t du", schreit Oliver wütend und bo–t seine Schwester. „Wenn du mich nicht schleuni–t in Ruhe läßt, dann sage ich, daß du ne Se– in der Englischarbeit 5 hast", droht Tanja. Oliver bekommt es nun mit der An–t zu tun. „Das ist gemein! Aber wenn du ein Wort sa–t, kannst du dich auf was gefaßt machen ..."

1. Schreibt den Text ab, und füllt die Lücken aus.
2. Schreibt die Geschichte weiter, so daß die beiden sich zum Schluß wieder vertragen. Verwendet auch Wörter mit einem Ks-Laut.

S-Laute

Lektion 39

Das gibt es noch nicht – oder etwa doch?

Preise, die nie steigen
Ein Essen, das allen schmeckt
Einen Beweis für alle Fälle
Dieselbe Weihnachtsgans für alle Jahre
Einen Spaß, der immer lustig ist
Einen Gruß, der immer freundlich klingt

Füße, die nie müde werden
Hosen mit eingebauter Bügelfalte
Ein Schloß für alle Schlüssel
Tassen, die nie leer werden
Lose, die immer gewinnen
Lautloses Getöse zur Beruhigung

1. Unterscheidet beim lauten Lesen deutlich den stimmhaften und stimmlosen S-Laut. Schreibt die Wörter entsprechend geordnet auf.

stimmhaft	stimmlos
Preise	*Essen*

2. Formuliert als Regel, wie der stimmhafte S-Laut geschrieben wird.
3. Welche Möglichkeiten gibt es, den stimmlosen S-Laut zu schreiben?
4. Schreibt die Wörter mit „ss" heraus, und lest sie laut.
   – Wie wird der Vokal vor dem „ss" ausgesprochen?
   – Welche Art von Lauten steht immer hinter dem „ss"?
   – Formuliert eure Beobachtung als Regel.

Was ist schon Wasser?

Den Wert gewi–er Dinge wi–en wir erst dann zu schätzen, wenn wir sie vermi–en oder uns damit einschränken mü–en. Nehmen wir z. B. die–e farblo–e Flü–igkeit, die wir Sü–wa–er nennen. Es ist kaum zu fa–en, mit welcher Gedankenlo–igkeit wir die–es kostbare Gut mi–brauchen. Zugegeben, wir brauchen nur den Hahn aufzudrehen, und
5 schon schie–t das Wa–er heraus.
Und dann la–en wir es laufen, weil wir verge–en haben, es wieder zuzudrehen, weil wir uns darauf verla–en, da– ein anderer das für uns be–orgt.
Wie anders sähe es jedoch aus, wenn wir in einem hei–en Land wohnten, weit von Flü–en, Seen oder sonstigen Gewä–ern entfernt. Menschen, die das flü–ige Gold in Schü–eln und
10 Kanistern meilenweit von einer dürftigen Wa–erstelle heranschleppen mü–en, könnten uns lehren, ein bi–chen spar–amer und um–ichtiger mit dem Wa–er umzugehen.

1. Lest den Text laut vor.
   Schreibt alle Lückenwörter mit stimmhaftem S-Laut heraus.
2. Stellt die Lückenwörter zusammen, die mit „ss" geschrieben werden müssen.
   Vergleicht eure Ergebnisse.
3. Wie wird der stimmlose S-Laut in den übrigen Lückenwörtern geschrieben?

Lektion 39

III

Mit dem Floß unterwegs

Es gibt viele Möglichkeiten, eine Wasserstraße zu benutzen, und eine der ältesten und schwierigsten ist sicherlich das Flößen. Denn es will schon etwas heißen, so ein schwerfälliges Fahrzeug aus zusammengebundenen Baumstämmen auf langsam fließenden Seen oder reißenden Strömen zu steuern. Trotzdem hatten wir uns dem Reiz einer solchen Floßfahrt nicht verschließen können.

Wir hatten aber nicht gewußt, worauf wir uns eingelassen hatten. Bevor wir nämlich zu dem Fluß kamen, auf dem wir fahren wollten, mußten wir unser Fahrzeug über einen kleinen See schaffen. Da er keine Strömung hatte, faßten wir selbst an. Denn ein Floß läßt sich nur mittels Stangen weiterbewegen, mit denen man sich vom Grund des Gewässers abstößt. Wenn man aber dabei nicht aufpaßt, bleiben die Stangen gewiß im schlammigen Boden stecken, und man verliert sie.

1. Lest die Wörter mit „ß" im ersten Abschnitt laut.
   – Wie wird der Vokal vor dem „ß" ausgesprochen?
   – Welche Art von Lauten folgt auf das „ß"?
   – Formuliert das als Regel.

2. Schreibt den ersten Abschnitt als Diktat, und überprüft eure Ergebnisse.

3. Lest die unterstrichenen Wörter im zweiten Abschnitt laut.
   – Wie wird der Vokal vor dem „ß" ausgesprochen?
   – Welche Art von Lauten folgt auf das „ß"?
   – Vergleicht eure Beobachtungen mit eurer Regel aus Aufgabe 1, und formuliert eine Zusatzregel für die Schreibweise mit „ß".

4. Schreibt von allen Verbformen mit stimmlosem S-Laut den Infinitiv auf.
   Bildet dazu die folgenden Formen, und erklärt, nach welcher Regel der S-Laut jeweils geschrieben wird.

   heißen   ihr heißt   er hieß   geheißen

IV

Die Teilnehmer an dem Segelkurs waren vor einer Woche angereist. Heute sollten sie zum ersten Mal allein fahren. Obwohl ein kräftiger Wind blies, waren alle zur Stelle. Um keinen Preis hätte sich einer blamieren wollen. Die Segelboote wurden durch einen kleinen Kanal auf den See geschleust. Kaum hatten sie den Schutz der Bäume am Ufer verlassen, da erfaßte sie eine eiskalte Brise, und sie sausten weit aufs Wasser hinaus.

1. Wie wird der S-Laut in den unterstrichenen Wörtern ausgesprochen?
   – Seht euch zur Erklärung der Schreibweise die folgende Rechtschreibhilfe an.
   – Formuliert eine Regel.

Wort im Text	Rechtschreibhilfe
angereist	anreisen (= Grundform, Infinitiv)
eiskalt	des Eises (= Verlängerung)

2. Schreibt den Text als Diktat.

Lektion 39

3. Ergänzt die folgenden Lückenwörter.
   Erklärt die Schreibweise des S-Lautes durch ein Beispiel für eine Rechtschreibhilfe.
   Fels: die Felsen, felsig, ...

   Fel– · lö–t · gra–t · schmau–t · Ga– · Fu– · hei– · Flu– · krei–t · Flei– · Gebi– · ra–t · gie–t · rei–t · flie–t · Schlo– · verei–t · flö–t · Gra– · Ma– · Grei– · mi–t · Genu– · lie– · mie– · Ri– · gelö–t · wei– · brau–te · lie–t

4. Schreibt zu drei Wörtern die Wortfamilie nach Zusammensetzungen und Ableitungen geordnet auf. Wer findet die meisten in drei Minuten?

Übung

Mit ziemlicher Mühe waren wir also bis zu der Stelle gekommen, wo der See in den Fluß mündet. Zuerst ging alles ohne Schwierigkeiten. Das Wasser floß ruhig dahin, und wir konnten unsere Floßfahrt genießen. Dann aber wurde das Flußbett enger. Die Felswände am Ufer rückten bedrohlich näher. Unmerklich vergrößerte sich unsere Geschwindigkeit.

5 Das lei–e Plätschern und sanfte Gurgeln war einem dumpfen To–en gewichen. Jetzt scho–en wir dahin. Die Wa–erma–en brau–ten, wir ra–ten auf eine Stromschnelle zu, das Flo– schaukelte wie wild, Wellen schlugen von allen Seiten über den Rand. Werden die Seile die Baumstämme zu–ammenhalten können, oder werden sie rei–en? Von dem to–enden Wildwa–er erfa–t, wird un–er Flo– mitgeri–en und gegen das Steilufer gepre–t.
10 Es stö–t gegen einen Fel–brocken und krei–t hilflo– um sich selbst. Dann sau–t es stromabwärts. Un–er Glück hatte uns verla–en ...

1. Schreibt den ersten Abschnitt im Partnerdiktat.
2. Schreibt aus dem zweiten Abschnitt die Lückenwörter heraus.
   Welche der folgenden Rechtschreibregeln gilt jeweils?
   a) Stimmhafter S-Laut wird immer „s" geschrieben (rei<u>s</u>en).
   b) Stimmloser S-Laut zwischen Vokalen nach <u>kurzem</u> Vokal wird immer „ss" geschrieben (geri<u>ss</u>en).
   c) Stimmloser S-Laut zwischen Vokalen nach <u>langem</u> Vokal wird immer „ß" geschrieben (rei<u>ß</u>en).
   d) Stimmloser S-Laut vor Konsonant oder am Wortende wird „ß" geschrieben (reiß, reißt).
   Er wird immer „s" geschrieben, wenn er in anderen Formen des Wortes stimmhaft wird (Rei<u>s</u> – Rei<u>s</u>er / rei<u>s</u>t – rei<u>s</u>en).
3. Schreibt auch den zweiten Abschnitt als Partnerdiktat.
4. Schreibt diese abenteuerliche Floßfahrt zu Ende.

Lektion 40 | das – daß

I

Erst in diesem Jahrhundert hat sich das Schwimmen, das besonders gesund ist, wirklich verbreitet. Doch dabei ist es nicht geblieben. Wir alle wissen, daß es in den letzten Jahrzehnten zahlreiche Rivalen bekommen hat. An erster Stelle ist das Tauchen zu nennen, das sich zu einer beliebten Sportart entwickelt hat. Liebhaber und Wissenschaftler wollen das Leben, das sich unter der Meeresoberfläche abspielt, kennenlernen und studieren. Es ist nicht zu leugnen, daß das Tauchen früher viel gefährlicher war. Die Ausrüstung sorgt dafür, daß der Taucher besser geschützt ist.

1. Schreibt den Text ab, kennzeichnet Hauptsätze (———) und abhängige Sätze (∼∼∼).
2. Unterstreicht jeweils das Wort, mit dem die abhängigen Sätze eingeleitet werden.
   … das Schwimmen, das besonders gesund ist,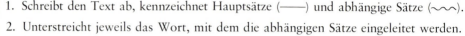
3. Seht euch die Satzgefüge an, in denen der abhängige Satz mit „das" / „daß" beginnt.
   – Durch welche anderen Wörter könnte man „das" ersetzen?
   – Probiert, ob ihr auch „daß" ersetzen könnt.

II

Im Gegensatz zum Tauchen, – eine unter dem Meeresspiegel betriebene Sportart ist, betreibt man Wasserski, Surfen und Windsurfen auf der Wasseroberfläche. Für Wasserski benötigt man ein Motorboot, – den Läufer zieht. Beim Wasserskifahren, – sich vom üblichen Skilaufen dadurch unterscheidet, – man es auch mit nur einem Ski betreiben kann, gibt es wirkliche Artisten. Sie sind so geschickt, – sie überhaupt keine Bretter mehr benötigen, sondern nur noch auf den Hacken über das Wasser gleiten. – man vom Halten der Zugleine am Anfang Muskelkater bekommt, ist verständlich.

Schreibt den Text ab, kennzeichnet Hauptsätze (———) und abhängige Sätze (∼∼∼).
Probiert aus, ob ihr für das fehlende Wort „welches" oder „was" einsetzen könnt.
Setzt dementsprechend in die Lücken „das" oder „daß" ein.

Übung

Beim Surfen und Windsurfen liegt die Besonderheit darin, – man sich nur von Wind und Wasser treiben läßt. Für das Surfen braucht man ein Brett, – etwa 1,50 Meter lang ist. Hierbei kommt es darauf an, – man im richtigen Augenblick die richtige Welle erwischt. Man muß es so einrichten, – man mit seinem Brett genau auf den Wellenkamm kommt. Die ganze Arbeit tut dann das Wasser, – das Brett an den Strand treibt.

1. Schreibt den Text ab, kennzeichnet Hauptsätze (———) und abhängige Sätze (∼∼∼).
   – Probiert aus, ob ihr für das fehlende Wort „welches" oder „was" einsetzen könnt.
     Setzt dementsprechend in die Lücke „das" oder „daß" ein.
2. Schreibt den Text als Partnerdiktat.
3. Schreibt einige Sätze über eure eigenen Erfahrungen beim Wassersport.
   Verwendet dabei Satzgefüge mit „das" und „daß".

Silbentrennung

Lektion 41

I

1. Sprecht das Wort „Landschaften" so aus wie Ingo.
   Welche Hilfe gibt er seinem Freund für das Trennen von Wörtern?
2. Vergleicht folgende Trennmöglichkeiten.
   Was wird jeweils getrennt?

   Speise–wagen   Spei / se–wa / gen
3. Schreibt die Wörter auf, die sich trennen lassen.
   – Sprecht dazu alle Wörter nach Silben getrennt aus.
   – Gebt durch Schrägstriche die Trennung zwischen den einzelnen Wortteilen an.

   Lieb / lings / spiel / zeug

II

Au–ge	Ader
Eu–le	üben
oh–ne	Eber
ih–nen	Uhu
ei–sig	oder

1. Die Wörter in der rechten Reihe werden nicht getrennt.
   Wie heißt die Trennungsregel?
2. Schreibt die folgenden Wörter auf.
   Ordnet sie danach, ob sie sich trennen lassen oder nicht.

edel	Armut	übel	Eifer	Eisen	Ufer	Idee	innen
evangelisch	Esel	euer	Adel	Eier	über	Aale	Ober
Amen	eilig	Igel	öfter	Eimer	Oma	August	ölig

3. Erweitert eure Liste von Wörtern, deren erste Silbe sich nicht abtrennen läßt.

Lektion 41

4. Einzelne Vokale am Wortende können ebenfalls nicht abgetrennt werden:
   Adria, Stereo, Bestie, Korea.
   – Schreibt folgende Wörter auf, und gebt die Trennungsmöglichkeiten an.
   – Überprüft eure Lösungen, und erklärt die Trennung.

Feierabend	Nordosten	Autoradio	Wellenlinie	Flußufer
hinüber	Fernsehstudio	Schlagader	Milchkakao	Lastesel
Farbdia	Igelfamilie	Kachelofen	Romanserie	Eßkastanie

Silbenrätsel
bei– · Brük– · drau– · Es– · –fen · –fen · –fen · Fet– · hüp– · Kat– · –ke · –ker · Mas– · Näs– · –pe · –pel · put– · Ras– · schimp– · Schnup– · –se · –se · –sig · –sten · sto– · –ßen · –ßen · ßen · –te · Ver– · –wand– · We– · Wes– · –ze · –zen · –zen · Zuk–
(Lösungshilfe: Die Bindestriche zeigen die Verbindungsstelle mit den übrigen Silben der Wörter an. Silben mit einem großen Buchstaben am Anfang ergeben Nomen.)

Ei–   –sen–   –bahn
1. Silbe 2. Silbe 3. Silbe

1) Bauwerk über einen Fluß
2) schelten
3) stechendes Insekt
4) springen
5) reinemachen
6) Erkältung der Nasenschleimhäute
7) zerrissenes Stück Stoff
8) Feuchtigkeit
9) Mittel zum Süßen
10) vierbeiniges Haustier
11) Himmelsrichtung
12) mit den Zähnen abtrennen
13) Werkzeug zum Aufrauhen von Holz
14) zur Familie gehörende Menschen
15) sauerwürzige Flüssigkeit
16) außerhalb
17) Menge
18) kurz und kräftig schieben

1. Schreibt die Wörter des Silbenrätsels nach Silben getrennt auf.
   Brük–ke

2. Ordnet die Wörter entsprechend der Übersicht, und gebt die Trennung an.
   Welche Regeln für die Trennung könnt ihr aus eurer Übersicht ableiten?

–ck–	–dt–	–pf–	–sp–	–ss–	–ß–	–st–	–tz–
Brük–ke							

3. Schreibt die folgenden Wörter auf, und gebt die Trennungsmöglichkeiten an.
   Kopf–tuch

   Kopftuch · hetzen · räuspern · rußen · Kasse · Rucksack · rupfen · hängen · rasten · trotzig · wegrücken · Gastzimmer · lecken · schwatzen · klopfen · Wandteller · bange · schweißen · wispern · Putzteufel · vermissen · Backofen · Lastwagen · Schnupftabak · Langlauf · küssen · Großstädter · Reißwolf · sprengen · pusten · Stoßdämpfer

Lektion 41

Übung a

Nasraf – Horngife   Tizel – Gagerle   Möke – Wefal
Elegeipa – Pafant   Meipel – Gimse   Zeize – Brasig

Welche Tiernamen sind hier durcheinander geraten?
Schreibt sie richtig auf, und gebt die Trennstelle an.

---

b

Bastian hatte oben auf dem Dachboden für seine elektrische Eisenbahn eine großartige Gebirgslandschaft gebastelt. Als erstes hatte er mehrere Hartfaserplatten als Unterlage mit Holzleisten zusammengenagelt. Das war ihm von einem Schreiner empfohlen worden. Für die Herstellung der Berge hatte er ein paar tolle Ideen. Auf der Platte
5 befestigte er ganz unregelmäßig Kistendeckel, dicke Äste und zersprungene Plastikgefäße. Darüber verteilte er das Seegras aus einer zerrissenen Matratze, um die scharfen Ecken und Spitzen abzudecken. Jetzt brauchte er nur noch ein paar Ritzen mit Tuchfetzen zuzustopfen, das Ganze mit Gips zu verschmieren, und das schönste Gebirge war fertig.
10 Er formt die noch weiche Masse so, daß er die Schienen für die Eisenbahnstrecke darauf setzen und einige Straßen und Wege anlegen kann. Er will gerade das Werkzeug wegpacken, da klopft seine Mutter an die Tür und kommt herein. Mit Entsetzen sieht sie, wie schmutzig Bastian alles gemacht hat, und fängt an zu schimpfen. „Mußtest du denn mit dem Gips überall herumkleckern und herumspritzen? Wer soll denn das alles wieder
15 putzen?"

1. Schreibt aus dem ersten Abschnitt alle Nomen heraus, und gebt die Trennstellen zwischen Wörtern durch einen roten und zwischen den Silben durch einen grünen Schrägstrich an.
2. Sucht die Wörter heraus, bei denen die Anfangssilben aus einem Vokal bestehen. Schreibt dazu verwandte Wörter auf.
3. Diktiert einem Mitschüler alle Wörter, die an der Trennstelle mit „ck", „pf", „ss", „ß", „st" und „tz" geschrieben werden.
   Er soll die Trennung angeben.
4. Schreibt den zweiten Abschnitt im Partnerdiktat.
   Gebt bei allen mehrsilbigen Wörtern die Trennmöglichkeiten an.

Lektion 42 | Zeichensetzung

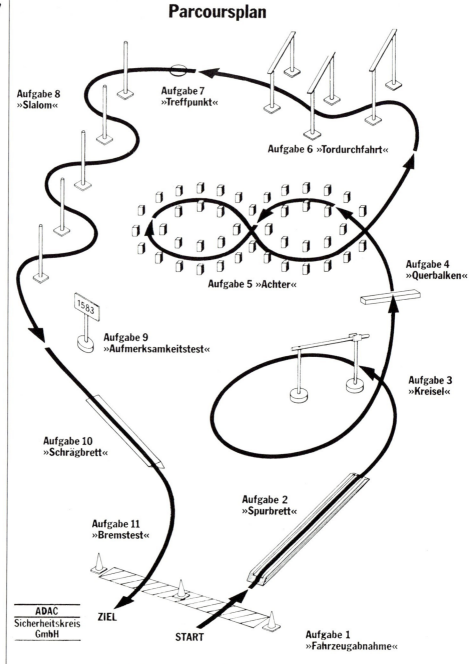

Kennt ihr solche Anlagen für ein Fahrradturnier?
– Habt ihr selbst schon einmal daran teilgenommen?
– Erzählt davon.

Lektion 42

Olaf, der von seinem Onkel ein Fahrrad bekommen hat, hat an der Geschicklichkeitsprüfung teilgenommen und berichtet seinem Onkel davon.

Lieber Onkel Heiner,
zuerst möchte ich mich für das tolle Fahrrad bedanken. Es kam gerade im richtigen Augenblick. Wir hatten nämlich letzte Woche unser Radturnier. Zuerst wurden Scheinwerfer, Schlußleuchte Rückstrahler, Lenker und Bremsen geprüft. Bei mir war
5 natürlich alles in Ordnung. Dann kam die Prüfung. Das Spurbrett, der Querbalken der Kreisel und der Slalom waren ja ziemlich leicht.
Trotzdem haben viele beim Kreisel die Latte fallenlassen, beim Slalom eine Stange berührt oder beim Spurbrett das Gleichgewicht verloren. Man durfte auch nichts wiederholen nicht stehenbleiben nichts auslassen und nicht von der Bahn abweichen.
10 Ich besuche Dich doch nächsten Monat. Da führe ich Dir eine paar Übungen auf dem Garagenhof vor. Für den Achter nehme ich die leeren Öldosen, für den Slalom alte Reifen für das Spurbrett die dicken Bohlen. Was meinst Du?
Also dann, bis in vier Wochen.
Herzliche Grüße
15   Dein Olaf

1. Im ersten Abschnitt hat Olaf einige Kommas gesetzt.
   – Welche Regel hat er dabei befolgt?
   – An welchen Stellen hat er die Regel nicht beachtet?

2. Für welche Stellen im zweiten und dritten Abschnitt gilt dieselbe Regel?
   – Wo wurde sie nicht beachtet?
   – Lest die Satzteile vor, die jeweils durch Kommas voneinander getrennt werden müssen.

3. Schreibt den Brieftext nach Diktat.

4. Für ihre Fahrradtour notieren die Schüler, was sie mitnehmen müssen.
   Zählt das jeweils in einem Satz auf, ohne „und" zu gebrauchen.
   Zum Schwimmen und Tauchen brauchen wir Badehose . . .
   Für die Körperpflege packen wir Seife . . . ein.
   Für Regentage benötigen wir . . .

Lektion 42

5. Schreibt auf, was die Klasse 6 c unternehmen will. Verwendet kein „und".
Im Wald Pilze suchen (Blaubeeren sammeln – Tiere beobachten – Geländespiele machen).
Im Schwimmbad in der Sonne liegen (Wettschwimmen veranstalten – nach Gegenständen tauchen – Federball spielen).

III

Schülergruppe beinahe erfroren

Fünfzehn Schüler aus dem Ruhrgebiet, die das herrliche Schneewetter ausnutzen wollten, hatten eine Tagestour ins Sauerland unternommen. Nachdem sie den ganzen Tag gerodelt hatten, machten sie sich am Spätnachmittag auf den Heimweg. Als einige eine Abkürzung benutzen wollten, verirrten sie sich. Die Hauptgruppe, die stundenlang am Treffpunkt gewartet hatte, alarmierte die Polizei. Die Suchaktion wurde aber bald abgebrochen, da Schneetreiben und Dunkelheit jede Suche aussichtslos machten.
Gegen Morgen erreichte einer der Verirrten der sich allein auf die Suche gemacht hatte einen entlegenen Bauernhof. Der Hofbesitzer verständigte sofort telefonisch die Polizei die die Suche wieder aufnahm. Obwohl der Schnee sämtliche Spuren verdeckt hatte wurden die Schüler bereits nach zwei Stunden gefunden. Die Kinder hatten hinter einer Schneewehe Schutz gefunden so daß sie die Schreckensnacht ohne ernstliche Folgen überstanden hatten.

1. Schreibt den ersten Abschnitt ab.
   – Unterstreicht die Hauptsätze (——) und die abhängigen Sätze (∼∼).
   – Welche Kommaregel gilt hier?
2. Lest den zweiten Abschnitt laut.
   – Könnt ihr Sinneinschnitte feststellen?
   – Untersucht dazu, welches Hauptsätze und welches abhängige Sätze sind.
3. Schreibt diesen Abschnitt im Partnerdiktat.
   – Kennzeichnet die Hauptsätze und die abhängigen Sätze.
   – Setzt die Kommas.

IV

Über ihr Erlebnis berichteten die Kinder folgendes:
Wir waren schon sehr müde, und wir suchten deshalb eine Abkürzung. Zwei Stunden waren wir jetzt gegangen, es wurde dunkel, und der Schnee fiel immer dichter. Ein eisiger Wind wehte, und wir froren unheimlich. Jetzt konnten einige nicht mehr weiter, wir mußten Rast machen, und wir setzten uns deshalb hinter eine große Schneewehe. Der Bernd war ganz steifgefroren und er konnte die Finger nicht mehr gerade machen. Inge hatte zum Glück zwei Pullover an und sie hat Bernd einen davon abgegeben. Ein paar Stunden später hörte es dann zu schneien auf. Der Jürgen ist losgegangen er wollte Hilfe holen. Wir mußten ja bei Bernd bleiben und wir hatten alle solche Angst um Jürgen. Aber Gott sei Dank ist noch alles gut ausgegangen.

1. Was wird im ersten Abschnitt jeweils durch die Kommas voneinander getrennt?

Lektion 42

2. Überprüft die Kommasetzung im zweiten Abschnitt.
3. Untersucht die Kommasetzung in folgenden Beispielen.
   – Überprüft dazu jeweils Subjekt und Prädikat.
   – Was hat sich im zweiten Satz geändert?
   Wir waren schon sehr müde, und wir suchten deshalb eine Abkürzung.
   Wir waren schon sehr müde und suchten deshalb eine Abkürzung.
4. Welche Sätze im zweiten Abschnitt könnt ihr auf die gleiche Weise verändern?
   – Schreibt sie wie in Aufg. 3 untereinander.
   – Achtet auf die Kommasetzung.
5. Schreibt den Text nach Diktat, und setzt die Kommas.

Übung

Ich hatte schon fünfmal, sechsmal, siebenmal gerufen, mein Dackel Bastian war aber noch immer nicht erschienen. Er hatte gerade etwas in den Büschen aufgestöbert, und dann war er wie wild hinterhergejagt. Ich kämpfte mich durch das dichte Gestrüpp von Brombeerranken, am Boden liegende Äste, Buschwerk und Brennesseln. Die Zweige
5 schlugen mir ins Gesicht, so daß ich mich mit den Händen schützen mußte. Basti war inzwischen wieder zurückgekommen und steckte irgendwo ganz in der Nähe. Er war sehr aufgeregt, bellte laut, heulte durchdringend und hörte nicht auf mein Rufen und Pfeifen.

Basti hatte eine gute Nase und hatte auch schon häufig Wild aufgespürt. Doch manchmal ist es ihm dabei passiert daß er an den Falschen geraten ist. So hatte er einmal einen Fuchs
10 verfolgt der ihn so richtig an der Nase herumführte. Basti fegte wie ein Wilder los und glaubte daß er dicht hinter dem Fuchs her wäre. Der aber lag auf einem Hang sah sich die Rennerei an und sonnte sich gemütlich. Schließlich wurde es ihm zu langweilig er stand auf reckte sich und dann verschwand er in einer Schonung.

1. Schreibt den ersten Abschnitt nach Diktat, und erklärt die Kommas.
2. Schreibt den zweiten Abschnitt ab, und setzt die Kommas.
   Tauscht die Hefte aus, und überprüft gemeinsam die Kommasetzung.
3. In welchen Sätzen findet ihr Beispiele für folgende Kommaregeln?
   a) Teile einer Aufzählung werden durch Komma voneinander getrennt.
   b) Hauptsätze und abhängige Sätze werden durch Kommas voneinander getrennt.
   c) Vor „und" steht kein Komma.
   d) Hauptsätze werden durch Kommas voneinander getrennt.
   e) Hauptsätze werden durch Kommas voneinander getrennt, auch wenn sie durch „und" miteinander verbunden sind.

Fachwörterverzeichnis

Bezeichnung	Erklärung	Beispiel
abhängiger Satz, Gliedsatz	Teilsatz, der für sich allein nicht stehen kann	Das ist der Mann, den ich gesehen habe. Ich komme morgen, wenn es nicht regnet.
Ableitung	Wort, das aus einem selbständigen Wort mit Hilfe einer nicht selbständig vorkommenden Vor- oder Nachsilbe gebildet wird	verschlafen, Schläfer, schläfrig
Adjektiv, das: Eigenschaftswort	→ Wortart, die angibt, wie jemand oder etwas ist	Seine Nase ist blau. Er hat eine blaue Nase.
Angabe der Art und Weise Frage: wie, auf welche Weise?	→ Satzglied, das angibt, auf welche Weise jemand etwas tut, etwas geschieht	Er sammelt leidenschaftlich Briefmarken.
Angabe des Grundes Frage: warum, weshalb?	→ Satzglied, das angibt, aus welchem Grund jemand etwas tut, etwas geschieht	Wegen seiner Krankheit versäumte er die Klassenarbeit.
Angabe des Mittels Frage: womit, wodurch?	→ Satzglied, das angibt, womit jemand etwas tut, wodurch etwas geschieht	Mit einer Schere schneidet er das Band ab.
Angabe des Zwecks Frage: wozu, zu welchem Zweck?	→ Satzglied, das angibt, zu welchem Zweck jemand etwas tut, etwas geschieht	Zum Glattpressen verwendet er ein Buch.
Akkusativ, der; Wenfall (4. Fall)	Fall, in dem ein → Satzglied steht	den Mann
Akkusativobjekt, das; Ergänzung im Wenfall (4. Fall) Frage: wen oder was?	→ Satzglied, das angibt, auf wen oder was sich eine Handlung bezieht	Ich sehe den Mann.
Attribut, das; Beifügung	Teil eines → Satzgliedes, durch das dieses näher bestimmt wird	Das ist ein schnittiges Auto. Das Bellen des Hundes weckt mich. Die Schule am Stadtpark wird renoviert.
Attributsatz	→ abhängiger Satz/Gliedsatz, der als → Attribut ein → Satzglied näher bestimmt	Das Buch, das ich lese, gehört mir nicht.
Aufforderungssatz (!)	→ Hauptsatz, in dem zu etwas aufgefordert/in dem etwas befohlen wird	Komm doch mal her!
Aussagesatz (.)	→ Hauptsatz, in dem etwas erzählt, dargelegt, gesagt wird	Der Junge schreibt einen Brief.
Begleitsatz	→ Hauptsatz, der die wörtliche Rede begleitet	Inge beklagt sich bei der Lehrerin: „Peter kneift mich immer."
Bestimmungswort	Wort/Wörter, die den ersten Bestandteil einer → Zusammensetzung bilden	Handtuch, Feuerwehrauto, dunkelrot überfahren
Dativ, der; Wemfall (3. Fall)	Fall, in dem ein → Satzglied steht	dem Vater

Bezeichnung	Erklärung	Beispiel
Dativ, der; Wemfall (3. Fall)	Fall, in dem ein → Satzglied steht	dem Vater
Dativobjekt, das; Ergänzung im Wemfall (3. Fall) Frage: wem?	→ Satzglied, das angibt, wem sich das im → Prädikat angegebene Geschehen zuwendet	Er schreibt seinem Vater eine Karte.
Fragesatz (?)	→ Hauptsatz, mit dem jemand nach etwas gefragt wird	Kommst du mit? Wer/wo/wann ist das?
Grundwort	Letztes Wort einer → Zusammensetzung	Autofahrt, steinreich, davonlaufen
Hauptsatz	Grammatisch vollständiger Satz, der allein stehen kann	Er kommt. Kommt er? Komm doch!
Infinitiv, der; Grundform, Nennform	Nicht näher bestimmte Form des → Verbs, die nur die Tätigkeit, das Geschehen nennt, ohne eine Person anzugeben	lesen, schreiben, singen. Er will das Buch lesen.
Imperativ, der; Aufforderungsform, Befehlsform	Form des → Verbs, die einen Befehl, eine Aufforderung ausdrückt	Gib/Gebt mir das Buch. Geben Sie mir das Buch.
Komparativ, der; Mehrstufe	Erste Steigerungsstufe des → Adjektivs, die angibt, bei wem/was eine Eigenschaft mehr zu finden ist	Inge ist fleißiger als Ute.
Konjunktion, die; Bindewort	Wortart, die Sätze/→ Satzglieder miteinander verbindet	Der Lehrer erklärte etwas, und die Schüler hörten zu. Mein Freund lag im Bett, weil/wenn/als (u. a.) er krank war. Sie bauten Hochhäuser und/oder Brückenteile.
Konsonant, der; Mitlaut	Laut, der allein gesprochen nicht klingt	b, d, g, p, t, k (u. a.)
Nomen, das; Namenwort, Hauptwort	Wort, das den Namen einer Person, einer Sache oder von sonst irgend etwas angibt	Die Wörter „Frau", „Lehrer", „Teller", „Krankheit", sind Nomen.
Ortsangabe Frage: wo, wohin, woher?	→ Satzglied, das den Ort oder die Richtung angibt.	Er besucht ihn im Krankenhaus. Er ging ins Krankenhaus Er kam aus dem Krankenhaus.
Perfekt, das; vollendete Gegenwart, 2. Vergangenheit	→ Zeitform, die ausdrückt, daß ein Geschehen abgeschlossen ist	Ich habe ihn gerufen. Er ist gestern gekommen.
Plural, der; Mehrzahl	Form von Wörtern, die angibt, daß etwas mehrmals vorhanden ist oder mehrere etwas tun	Die Jungen spielen auf den Sportplätzen.
Plusquamperfekt, das; vollendete Vergangenheit, 3. Vergangenheit	→ Zeitform, die ausdrückt, daß ein Geschehen vor einem anderen Geschehen in der Vergangenheit ablief, abgeschlossen wurde	Er schlich sich heran, aber wir hatten ihn schon gehört. Er rief uns, aber wir waren bereits gekommen.
Positiv, der; Grundstufe	Form des → Adjektivs, die angibt, welche Eigenschaft jemand oder etwas hat	Er ist fleißig. Er ist genauso fleißig wie du.

Bezeichnung	Erklärung	Beispiel
Prädikat, das; Satzkern, Satzaussage Frage: wer oder was tut, geschieht?	Ein- oder zweiteiliges Satzglied, das angibt, wer oder was etwas tut, was geschieht	Meine Mutter ruft mich. Das Haus ist vor drei Wochen eingestürzt.
Präsens, das; Gegenwart	→ Zeitform, die ausdrückt, daß ein Geschehen in der Gegenwart abläuft, daß ein Geschehen in der Zukunft eintritt	Es klingelt gerade. Ich fahre (nächste Woche) nach Paris.
Präteritum, das; 1. Vergangenheit	→ Zeitform, die ausdrückt, daß ein Geschehen in der Vergangenheit ablief	Er besuchte uns.
Pronomen, das; Fürwort	Wort, das an die Stelle eines → Nomens treten kann	Er (der junge Mann) hat ihn (den Vater, den Wagen, den Lärm) gehört.
Satzart	→ Aussagesatz → Aufforderungssatz → Fragesatz	
Satzgefüge	Zusammensetzung von → Hauptsätzen und → abhängigen Sätzen/Gliedsätzen zu einem Gesamtsatz	Ich verreise (Hauptsatz), weil ich mich erholen will (abhängiger Satz).
Satzglied	Einzelwörter/zusammengehörende Wortgruppen innerhalb eines Satzes, die bei der → Umstellprobe nicht getrennt werden	Am letzten Donnerstag/ führten/Herr Maier und Fräulein Berg/ die Schüler der 5 a/in den Zoo und das Naturkundemuseum.
Satzverbindung	Zusammensetzung von Hauptsätzen	Ein Sturm tobte, die Wolken hingen tief herab, und Regen peitschte gegen die Fenster.
Silbe	Bestandteil eines Wortes, der durch Pausen beim Sprechen erkennbar gemacht wird	Vor-ge-stern ver-lief mein Be-kann-ter sich bei sei-nem Spa-zier-gang.
Singular, der; Einzahl	Form von Wörtern, die angibt, daß nur eine einzelne Person oder Sache vorhanden ist oder etwas tut	Ein Junge verkaufte den Wanderern einige Andenken.
Subjekt, das; Ergänzung im Werfall (1. Fall), Satzgegenstand Frage: Wer oder was tut etwas?	→ Satzglied, das angibt, wer oder was etwas tut oder was geschieht	Der Junge/Er schießt ein Tor. Das Tor ist ungültig.
Superlativ, der; Meiststufe	Zweite Steigerungsform des → Adjektivs, die angibt, daß jemand oder etwas eine Eigenschaft am meisten besitzt	Sie ist das intelligenteste Mädchen der Klasse. Ich finde das Kleid am schönsten.

Bezeichnung	Erklärung	Beispiel
Umstellprobe	Veränderung der Reihenfolge von → Satzgliedern in einem Satz	Ich/sehe/den Lehrer/morgen/ in der Schule. Den Lehrer/sehe/ich/morgen/ in der Schule. Morgen/sehe/ich/den Lehrer/ in der Schule. In der Schule/sehe/ich/ morgen/den Lehrer.
Verb, das; Tuwort, Zeitwort	Wortart, die angibt, was geschieht oder was jemand tut	fallen, schlagen, loben, sprechen
Vokal, der; Selbstlaut	Laut, der allein gesprochen klingt	a, e, i, o, u, ä, ö, ü, y
Wortart	→ Adjektiv/→ Nomen/ → Pronomen/→ Verb/ → Konjunktionen (u. a.)	
Wortfamilie	Gruppe von Wörtern, die von demselben Wort(-stamm) gebildet sind	klag (= Wortstamm): klagen, Klage, Klagelied, kläglich, anklagen
wörtliche Rede	Sie gibt unmittelbar wieder, was ein Sprecher gesagt hat	Dann sprach Franz: „Ich freue mich, daß ihr alle zur Probe gekommen seid."
Zeitangabe Frage: (seit/bis) wann, wie lange?	→ Satzglied, das angibt, wann oder wie lange etwas geschieht	Er besuchte mich gestern. Er besuchte mich drei Tage.
Zeiten	Vergangenheit, Gegenwart, Zukunft	
Zeitform	Form des → Prädikats, durch die unterschiedliche → Zeitstufen ausgedrückt werden Vergangenheit = Das Geschehen ist bereits vergangen Gegenwart = Das Geschehen spielt sich gerade ab Zukunft = Das Geschehen wird noch eintreffen	Peter kam (ist/war) spät nach Hause (gekommen). Peter kommt gerade nach Hause. Peter wird spät nach Hause kommen.
Zusammensetzung	Wort, das aus zwei selbständigen Wörtern zusammengesetzt ist	Schoß-hund, Tür-schloß, Ab-sage, eis-kalt, zusammenstoßen

Quellenverzeichnis

Blyton, E.: Das Tal der Abenteuer; „Der Gang führte ...", Erika Klopp Verlag, Berlin 1965
Das große Duden-Schülerlexikon; „Dinosaurier ...", Stichworte „Prärie", „Reservation", „Wigwam", Bibliographisches Institut, Mannheim 1974
Feder, J.: Die schönsten Spiele mit Würfeln (Hrsg. Oker, E.); „Pingpong", Droemer Verlag, München 1980
Fronval, G./Hetmann, F.: Das große Buch der Indianer; „Einleitung des Herausgebers ...", Boje-Verlag, Stuttgart 1976
Horror, Nr. 114; „Jetzt zum tollen Werbepreis ...", Williams Verlag, Hamburg 1980
Kästner, E.: Till Eulenspiegel; „Till arbeitet nun ...", „Als der Meister ...", „Am Nachmittag ...", Otto Maier Verlag, Ravensburg
Kung-Fu, Nr. 155; Phantom-Werbung, Bastei Verlag, Bergisch Gladbach
Siehste, Nr. 29; „Es gibt zu viele ...", „Wir finden es ...", Verlag Axel Springer, Hamburg 1979
Spielen und lernen; „Qualität zum Liebhaben" (Heft 11/73), Velber Verlag, Seelze 1973
Thiel, H. P./Anton, F.: Erklär mir die Indianer; „Die Bemalung ...", „Die Indianer waren ...", „Jagd, Lebensweise" ... (Auszüge aus Inhaltsverzeichnis), Stichworte „Bleichgesicht" bis „Wigwam", „Wörterverzeichnis", Piper Verlag, München 1975
Time life international; „Kräftige Mahlzeiten für ...", in: Die Frühzeit des Menschen, Amsterdam 1975
treff Schülermagazin; „Ballon-Lampen" (Heft 12/79), „Boris und die Zauberfische" (Heft 4/79), „Die Geschichte von Oma" und „Erstes Naturbuch für Kinder" und „Hungrig in die Schule" und „Mensch, wär das schön" (Heft 12/77), „Strom aus Obst" (Heft 4/79), Velber Verlag, Seelze 1977 und 1979
Wölfel, U.; „Die Geschichte vom gehorsamen Jungen", in: 29 verrückte Geschichten, Hoch Verlag, Düsseldorf 1974

Bildnachweis

Anthony, Starnberg: S. 32; Bavaria, Gauting: S. 105; dpa, Frankfurt: S. 35 unten; aus: Fronval, G./Hetmann, F.: Das große Buch der Indianer, Boje Verlag, Stuttgart; S. 59, 60; Gesellschaft für Verlagswerte, Kreuzlingen (Schweiz): S. 28; Werner Lüning, Lübeck: S. 87; aus: Lachende Kamera (Ein terra-magica Bildband), Hanns-Reich-Verlag, Düsseldorf: S. 20; aus: Manfred Saupe, Was man denkt ... Was man sagt: S. 62, 91; Pressebildagentur Schirner, Berlin: S. 21; aus: Spiele mit Würfeln, hrsg. von Euken Oker, Droemersche Verlagsanstalt, München 1980: S. 49 oben; aus: Super-Freunde Nr. 6, Ehapa Verlag GmbH, Stuttgart: S. 29 rechts; aus: Edgar Rice Burroughs, Tarzan – Sohn der Affen, Nr. 103: S. 29 links; aus: Tischtennis, Heyne Bücher Nr. 4498, München 1976: S. 48 unten; aus: Thiel/Anton: Erklär mir die Indianer, Piper Verlag, München 1979: S. 60 unten, 61; aus Prospekt „Traumlandpark Bottrop – Kirchhellen": S. 41; Ingeborg Wießler, Frankfurt: S. 22
Die übrigen Bilder wurden von den Autoren des Bandes beigestellt.

987 654 321